数字化资源
促进企业转型升级研究

曹 鑫　欧阳桃花 ◎ 著

Research on Digital Resources
Promoting Enterprise
Transformation and Upgrading

人民邮电出版社
北 京

图书在版编目（CIP）数据

数字化资源促进企业转型升级研究 / 曹鑫，欧阳桃花著. -- 北京 : 人民邮电出版社，2025. -- ISBN 978-7-115-65444-1

Ⅰ．F279.23

中国国家版本馆 CIP 数据核字第 2024DF8572 号

内 容 提 要

随着云计算、大数据、人工智能等新一代信息技术的不断发展和对经济社会各个领域的日益渗透，数字经济已经成为世界经济高质量发展的新引擎。在数字经济时代下，企业可以依靠数字化资源这个新型生产要素和价值共创这条重要路径来实现转型升级。

本书运用案例研究方法，以"特征—路径—结果"为逻辑框架，以无数字化基因企业、半数字化基因企业和天生数字化基因企业为研究对象，深入探讨数字化资源促进企业转型升级的过程机理。本书具体分为三部分研究内容：一是揭示不同类型企业的数字化资源内涵，并刻画不同类型数字化资源的特征；二是针对不同类型的数字化资源，提炼数字化资源促进企业转型升级的不同路径；三是探讨不同类型数字化资源促进企业转型升级的结果。

本书旨在为数字化转型企业案例研究者提供一本既有学术深度又易于理解的严谨性读物，同时，也为数字化转型企业管理者和相关政策制定者提供实践启示。

◆ 著　　　　曹　鑫　欧阳桃花
　　责任编辑　陈灿然
　　责任印制　王　郁　胡　南

◆ 人民邮电出版社出版发行　　北京市丰台区成寿寺路 11 号
　　邮编　100164　电子邮件　315@ptpress.com.cn
　　网址　https://www.ptpress.com.cn
　　固安县铭成印刷有限公司印刷

◆ 开本：720×960　1/16
　　印张：11　　　　　　　　　　2025 年 5 月第 1 版
　　字数：158 千字　　　　　　　2025 年 8 月河北第 2 次印刷

定价：79.80 元

读者服务热线：(010)81055410　印装质量热线：(010)81055316
反盗版热线：(010)81055315

资助项目

本书由国家自然科学基金青年项目"数字生态下隐形冠军企业跨越数字鸿沟的嵌入模式研究"（72302071）、国家社会科学基金重大项目"企业创新主体地位强化及技术创新能力提升研究"（21ZDA012）、浙江省高校重大人文社科攻关计划项目"数字化资源赋能中小制造企业转型升级机制与路径研究"（2023QN001）、国家自然科学基金重点项目"互联网环境下制造业企业转型升级规律"（71632003）资助。

前　言

2017 年以来，我参加了小米、晨光生物、海尔、吉利等 40 余家企业的深入调研，积累了 300 余万字访谈数据。基于这些一手访谈资料，通过进行案例研究，我与团队共合作发表 20 余篇国内外核心期刊和会议论文，包括《管理世界》《管理科学学报》《科学学研究》、*Journal of Information Technology*、*Internet Research* 等；研究成果被《中国社会科学文摘》转载，获评《管理世界》2022 年度优秀论文；开发 16 篇教学型案例，其中 8 篇获奖，包括"全国百篇优秀管理案例"奖、"全国优秀金融硕士教学案例"奖、"卓越开发者"案例大奖赛一等奖等；主持 6 项国家级和省部级基金项目，研究成果获得多项省部级奖项，撰写的多篇内参报告获得省级领导肯定性批示。本专著基于以上研究成果，旨在为数字化转型企业案例研究者提供一本既有学术深度又易于理解的严谨性读物，同时，也为数字化转型企业管理者和相关政策制定者提供典型性创新活动的实践启示。

本书以典型的无数字化基因企业、半数字化基因企业和天生数字化基因企业为案例研究对象，深入探讨企业运用数字化资源实现转型升级的过程机理。具体的章节安排和研究内容如下。

第 1 章：绪论。本章阐述企业利用数字化资源转型升级的理论背景与实践背景，在此基础上明确本书的主要研究问题，阐述该研究的理论和实践意义。

第 2 章：理论基础。本章主要对企业转型升级、数字化资源、价值共创等方面进行相关论述。其中，企业转型升级从内涵、影响因素、路径策略等五方面展开；数字化资源从起源、内涵和特征、研究热点三方面展开；价值共创从定义、类型、相关研究三方面展开。在此基础上对现有文献进行总结，明确已有研究的主要结论并分析其不足之处，从而进一步提炼出本书的理论分析框架。

第3章：研究设计。本章说明了采用案例研究方法的适用性和有效性，从典型性、适配性和互补性三方面对多案例企业的选择进行了阐述，并从研究步骤、数据来源、数据分析等方面详细呈现案例研究的过程。

第4章：数字化资源促进无数字化基因企业转型升级。本章以"特征—路径—结果"的逻辑进行分析。首先，识别无数字化基因企业拥有生产端数字化资源，并明晰其内涵、刻画其特征。其次，提炼无数字化基因企业利用生产端数字化资源进行转型升级的路径。最后，刻画无数字化基因企业运用生产端数字化资源转型升级的结果。在此基础上，构建生产端数字化资源促进无数字化基因企业转型升级的过程模型。

第5章：数字化资源促进半数字化基因企业转型升级。本章以"特征—路径—结果"的逻辑进行分析。首先，识别半数字化基因企业拥有生产端和用户端数字化资源，并明晰其内涵、刻画其特征。其次，提炼半数字化基因企业利用生产端和用户端数字化资源进行转型升级的路径。最后，刻画半数字化基因企业运用生产端和用户端数字化资源转型升级的结果。在此基础上，构建生产端和用户端数字化资源促进半数字化基因企业转型升级的过程模型。

第6章：数字化资源促进天生数字化基因企业转型升级。本章以"特征—路径—结果"的逻辑进行分析。首先，识别天生数字化基因企业拥有用户端数字化资源，并明晰其内涵、刻画其特征。其次，提炼天生数字化基因企业利用用户端数字化资源进行转型升级的路径。最后，刻画天生数字化基因企业运用用户端数字化资源转型升级的结果。在此基础上，构建用户端数字化资源促进天生数字化基因企业转型升级的过程模型。

第7章：结论。本章将总结全书的研究结论，提炼本书对企业转型升级、价值共创与数字化资源的理论贡献，并阐述本书对指导企业在数字经济时代运用数字化资源实现转型升级的实践意义。同时，展望未来需要进一步深入研究的方向。

书中三类典型案例的企业调研，得到了小米公司的崔立成主任、晨光生物的卢庆国董事长与陈晓伟总经理、海尔集团的邵建伟部长与李永广总监、北京航空航天大学经济管理学院方虹教授和产学研合作专家们的大力支持，在此向他们表示诚挚感谢。本书的出版也受到国家自然科学基金青年项目"数字生态下隐形冠军企业跨越数字鸿沟的嵌入模式研究"（72302071）、国家社会科学基金重大项目"企业创新主体地位强化及技术创新能力提升研究"（21ZDA012）、浙江省高校重大人文社科攻关计划项目"数字化资源赋能中小制造企业转型升级机制与路径研究"（2023QN001）资助，国家自然科学基金重点项目"互联网环境下制造业企业转型升级规律"（7163200）资助。

本书合著者欧阳桃花教授是我的博士生导师，本书从选题立项到成文历经近5年。因此，首先，要感谢我的恩师——欧阳老师如父母般帮助我一步步成长和蜕变，陪伴我走过人生一个个关键的节点，不仅让我找到了人生的意义，更让我找到了值得用一生为之奋斗的事业……太多难忘的回忆，都将是我一生最宝贵的财富；太多感激之情无法在笔尖——倾泻，都将化作我未来前进的动力。其次，感谢方虹老师对我的学业和人生的指导，以及崔争艳、曾德麟、胡京波、倪泽波、龚克、郑舒文、崔宏超、吴基伟、唐昊然等师门好友的帮助。最后，感谢父母无私的爱和支持，也感谢父母在我低谷时的鼓励和陪伴，让我重振旗鼓，充满力量。

正是这些美好的人和美好的事，才塑造了现在的我和我拥有的一切。感谢所有出现在我生命中的人，是你们丰盈了我的人生，我将常怀感恩之心，不忘初心，砥砺前行。

谨以本书献给所有关心、帮助和支持过我的人！

曹 鑫

2025 年 3 月 22 日

目　录

第1章
绪　论

1.1　研究背景

随着物联网、云计算、智能互联等数字技术的蓬勃发展，企业外部环境正在发生巨大的变化，据国际数据公司（International Data Corporation，IDC）预测，全球数据总量将从 2018 年的 33ZB 增长到 2025 年的 175ZB [1]，人类社会正在进入一个以数字化为表征的新时代 [2]。同时，数字化资源逐步改变工业经济的根本 [3]，成为数字经济的关键生产要素 [4]。数字化资源被定义为企业实现数字技术能力的数字化基础设施和数据资源等 [5]，其应用为企业创新提供了无尽可能，从根本上颠覆了传统的商业逻辑和价值创造模式 [2]。

作为全世界拥有最多互联网用户的国家 [3]，在爆炸式创新的前夜 [6]，中国没有再次错过，而是热情地拥抱这次产业革命，并成为这一轮变革的主角之一 [2]。根据《中国数字经济发展报告（2022）》显示，2021 年中国的数字经济规模达到 45.5 万亿元，同比名义增长 16.2%，占国内生产总值（Gross Domestic Product，GDP）的比重为 39.8%，数字经济已经成为拉动中国经济增长的重要引擎。政策层面，国务院 2022 年发布《"十四五"数字经济发展规划》，明确要以数据为关键要素，以数字技术与实体经济深度融合为主线，加强数字基础设施建设，完善数字经济治理体系，协同推进数字产业化和产业数字化，赋能传统产业转型升级，培育新产业新业态新模式。

尽管我国数字化产业发展前景明朗，但是企业数字化转型历程并非一帆风顺 [7]。一是企业数字化转型的态度并不积极。积极主动转型的公司比例只有 25%，采取"等等看"态度的公司比例有近三分之一 [8]。二是企业数字化转型的风险高。有研究指出，企业在数字转型项目上的投入将超过 1.3 万亿美元，即便如此，无法实现既定目标的公司比重也会超过 70%[9-10]，无法充分应对数字化转型风险的公司比重也会超过 43%[8]，实践界甚至发出了"转型找死、不转型等死"的哀叹。

由此，企业如何在数字经济时代利用数字化资源成功实现转型升级，既是实践界面临的难题，也是学术界需要研究的新议题。有学者将其定义为数字化资源与业务流程的集成 [11]，也有观点认为它是在利用数字化资源促进产品与服务创新 [12]、流程创新 [13]、商业模式创新 [14]，进而提高运营效率和组织绩效 [15,16]。随着数字经济时代的到来，一些企业没落，而一些企业崛起并出现一些不同于工业化时代的企业转型升级新现象 [7]。例如：一些资源匮乏的传统制造型企业利用数字化资源成为多项世界隐形冠军；一些实体企业利用数字化平台整合全球创新资源，实现多方共赢；一些互联网企业利用数字化资源从核心产品拓展到不相关产品，构建智能互联产品体系，实现指数级增长。虽然传统理论认为企业转型升级的关键在于企业向微笑曲线的两端延伸，从价值链的低端向高端发展，提高核心能力与产品、服务的附加价值。然而，面对层出不穷的新现象，传统理论难以诠释数字经济情境下企业转型升级背后的逻辑与规律 [17]。同时，传统企业转型升级的理论更多基于企业内部和传统资源的资源基础观、动态能力理论等 [18]，很难解释数字经济时代开放生态型企业的崛起。

虽然相关研究表明，创造价值是企业转型升级的基础和关键，是实现持续竞争力的根本 [19,20]。然而，数字经济时代的到来，使得传统的企业单独创造价值的模式遭到了企业边界弱化模糊、产品生命周期缩短、技术复杂度提高以及用户个性化需求增长等巨大挑战。这些变化使得企业难以依靠自身资源来维持竞争优势和依靠单独创造价值来满足时代的需要，企业需要通过与其他企业的资源整合和价值共创来实现转型升级 [21-23]。近年来，随着服务主导逻辑代替传统商品主导逻

辑 [24]，价值创造视角也由企业单独创造价值向多元主体价值共创转变，强调通过生态系统内的资源组合与合作互动来实现价值共创 [25,26]。在数字经济时代，虽然企业利用数字化资源进行价值共创实现转型升级的现象众多纷杂，然而研究企业如何利用数字化资源进行价值共创的文章却非常稀少 [27]。另外在数字经济时代，数字化资源从根本上重塑了企业竞争与企业边界，颠覆了价值创造主体的互动方式。据此，有必要从数字化资源的角度来重新剖析价值共创机理，从而实现企业的转型升级 [28]。

目前，关于数字化资源和企业转型升级的研究存在以下三点不足：一是在数字经济时代，虽然数字化资源成为企业关键生产要素，然而现有资源理论集中于传统资源，数字化资源具有不同于传统资源的特征，因此有待进一步明晰其内涵与特征。二是由于企业资源基础会影响企业选择转型升级的路径和方向，因此不能对不同企业的不同数字化资源基础一概而论，然而现有文献还是将企业笼统地看作同一"黑箱"，仍然对数字化资源促进企业转型升级的路径缺少必要的分类探讨。同时，由于作为企业转型升级重要路径的价值共创，其现有理论的展开主要基于传统资源，而数字化资源这个新型生产要素又颠覆了价值创造主体之间传统的互动方式 [29,30]，因此有待进一步打开数字化资源与价值共创的机理。三是尽管传统制造企业转型升级理论更多基于企业内部的资源基础观和动态能力理论等，并且以传统资源为基础来展开对影响因素、策略、评价体系等静态要素的研究，然而数字化资源的特征会对企业转型升级产生不同的作用并呈现不同的模式，因此有待进一步系统打开数字化资源促进企业转型升级的内在机理。

综上所述，本书延续陈冬梅等（2020）根据数字化基因对企业的分类 [25]，数字化基因是指企业拥有数字化资源或数字化技术能力的程度，它会影响企业战略选择、组织行为和运营实践等。本书以典型的无数字化基因企业、半数字化基因企业和天生数字化基因企业为案例研究对象，揭示数字化资源促进企业实现转型升级的内在机理和过程模型，具体研究以下三个方面：一是揭示不同类型企业的数字化资源内涵，并刻画不同类型数字化资源的特征；二是针对不同类型数字化资源，提炼出数字化资源促进企业转型升级的不同路径；三是探讨不同类型数字化资源促进企业转型升级的结果。

1.2 研究意义

本书旨在综合运用数字化资源、转型升级和价值共创等相关理论，探讨在数字经济情境下，如何构建企业利用数字化资源实现转型升级的过程模型。下面将介绍具体的理论意义和实践价值。

1. 理论意义

本书的理论意义主要包括以下三点。

第一，识别不同类型企业的数字化资源，刻画不同类型数字化资源的特征，进一步丰富数字化资源理论。在数字经济时代，虽然数字化资源成为关键生产要素，然而现有资源理论主要集中于传统资源，关于数字化资源的研究仍显匮乏。同时，尽管不同数字化资源具有不同的特征，然而现有关于数字化资源特征的研究较为笼统和分散，有待进一步归纳和整合，并在统一划分的标准下进行分类探讨。本书通过对数字化资源的内涵识别和特征刻画，进一步丰富了数字化资源理论，并为企业利用数字化资源转型升级奠定了基础。

第二，扎根于数字经济时代中国企业的研究情境，分类研究数字化资源促进企业转型升级的路径，发展、完善了转型升级理论，并丰富了价值共创理论。人工智能、大数据等数字技术的出现，既改变了企业所处的外部环境，也改变了企业内部资源能力[31]，不同类型企业基于数字化资源基础，呈现出多元化发展路径[32,33]。然而，现有文献多将企业笼统地看作同一"黑箱"，对数字化资源促进企业转型升级的路径缺少必要的分类探讨。同时，价值共创作为转型升级的重要方式，现有研究多聚焦于传统资源，以数字化资源为核心要素的共创机理有待进一步系统性探讨[34,35]。本书对不同类型的数字化资源进行探讨，提炼出数字化资源促进企业转型升级的三种路径，弥补现有研究忽略产业特征、产品（服务）属性差异性的不足，丰富了数字经济时代企业转型升级的研究，并拓展了价值共创理论。

第三，构建数字化资源促进企业转型升级研究的动态过程模型，完善并拓展了数字经济时代企业转型升级的理论研究。在传统视角下，企业转型升级向微笑曲线两端延伸，从而提高核心能力和产品服务的附加价值。同时，由于现有转型升级理论基于传统资源，以静态视角分析其影响因素、转型策略和转型结果等，因此对于数字化资源促进企业转型升级的动态过程有待进一步探讨。本书将基于数字经济时代中国企业的成功实践，运用多案例研究方法，构建三类企业运用数字化资源，通过价值共创来实现转型升级的过程模型，完善了数字经济时代企业转型升级的理论研究。

2. 实践价值

本书的实践意义包括微观、宏观两个层面。

一是微观层面。在数字经济时代，企业所处环境的快速剧烈变化，使得企业的命运与新兴技术的不断出现休戚相关，企业需要利用数字化资源转型升级实现可持续发展。本书揭示了不同类型数字化资源促进企业转型升级的过程机理，对指导本土企业根据自身数字化资源特征选择相应的价值共创路径来实现转型升级具有深远的实践意义。

二是宏观层面。本书总结提炼出数字经济时代，企业运用数字化资源，通过价值共创来实现转型升级的动态过程模型，为政府制定有利于企业数字化转型的政策提供科学决策依据，从而实现做强做优做大我国数字经济，推动建设"数字中国"重要战略目标。

1.3 研究内容与思路

1.3.1 研究内容

本书以典型的不同类型数字化基因的代表性企业为例，深入探讨企业运用数字化资源实现转型升级的过程机理，具体的章节与研究内容在"前言"中已有描述，此处不再赘述。

1.3.2 研究思路

基于上述研究内容，本书的研究思路主要包含以下三方面：首先，基于数字化资源和转型升级等相关文献，并结合不同类型企业拥有的数字化资源特征，推导出数字化资源促进企业实施转型升级的理论框架；其次，由于企业资源基础与资源特征会影响其转型升级路径和方向的选择，从而呈现不同的转型升级结果，因此本书以典型的无数字化基因企业、半数字化基因企业和天生数字化基因企业为例，遵循"特征—路径—结果"的逻辑，分别探讨数字化资源促进企业转型升级的过程机理；最后，从企业整体层面上，构建出企业利用数字化资源实施转型升级的过程模型，并总结不同类型数字化资源的内涵特征、发展路径和转型结果。据此，本书的研究思路如图 1-1 所示。

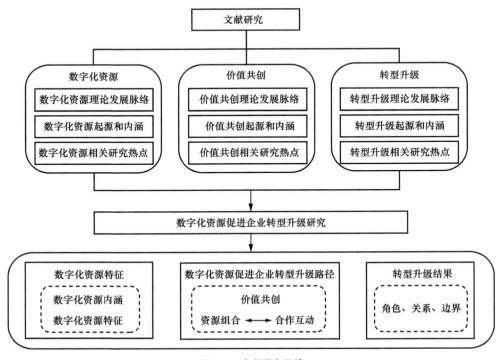

图 1-1 本书研究思路

1.4 研究方法与技术路线

1.4.1 研究方法

本书采用规范性案例研究方法，立足于数字经济时代新情境，运用数字化资源、企业转型升级理论，揭示数字化资源促进企业转型升级内在机理。案例研究作为一种情境下的探索，是扎根于某一情境的现象进行长期深入考察的一种经验性的研究方法[36]；是通过典型性案例，详细阐述企业实践现象，分析企业实践现象的原因，从而理解源于情境的现象，并从中揭示现象共性规律和特殊性的一种方法[37]。

（1）长期跟踪与深度的案例研究

案例研究方法适合从企业实践活动中发现新现象，通过揭示现象之后隐藏的深层原因，从而构建新理论。随着云计算、大数据等数字技术的发展，市场竞争加剧，企业经营环境充满更多的不确定性。在数字经济时代，企业需要根据自身情况，利用不同类型数字化资源，通过价值共创来实现转型升级，确保抓住发展机遇、提高竞争力。

因此，本书选择无数字化基因企业、半数字化基因企业与天生数字化基因企业为研究对象，并相应以晨光生物、海尔和小米为典型案例开展研究，主要原因如下：第一，晨光生物利用生产端数字化资源，通过价值链上下游的价值共创来构建行业生态圈，并夺得多项产品隐形冠军；海尔集团利用生产端和用户端数字化资源，通过价值网络价值共创来实现多方共赢；小米利用用户端数字化资源，通过生态系统价值共创来构建智能互联产品体系，以获得可持续性竞争优势。通过对不同数字化基因企业最佳实践的事实梳理，可以全方位系统探讨企业利用数字化资源进行转型升级的过程机理。第二，有效利用数字化资源和企业转型升级，对于化解以往专业化与多元化的矛盾具有促进作用。换言之，由于企业通过利用数字化资源，能够低成本价值共创，实现规模经济和范围经济兼得，保持或构建新的竞争优势，因此有必要总结和提炼企业利用数字化资源转型升级的成功经验。第三，在数字经济时代，企业面临着新的挑战和机遇，中国很多企业因抓住了机遇而蓬勃发展，涌现了小米、阿里巴巴、字节跳动、晨光生物等一批佼佼者，为相关的研究提供了鲜活的案例。基于此，本书作者立足中国波澜壮阔的企业实践，来提炼数字经济情境下中国管理创新的学术思想，从而讲好中国故事、研究中国问题。依据本书目标设定，本书将选取中国本土企业作为研究对象，并选取典型的企业与相关主体进行深度访谈和持续追踪。

（2）案例分析与理论研究相结合

在数字经济的时代背景下，我国管理学者需要深入剖析中国企业管理的实践，以总结提炼出具有中国情境的管理理论[38]。案例研究不仅需要考虑现象发生的情境，还需要利用已有理论和新现象相结合的方式来构建新理论[39]。本书正是通过对数字化资源、企业转型升级、价值共创理论的系统回顾，扎根于数字经济情境下中国企业管理创新实践的最前沿进行案例研究。在新一轮信息技术革命浪潮中，中国很多企业借助新兴数字技术顺势而为，涌现出很多佼佼者，有的甚至跻身世界前列。因此，本书以数字经济时代为背景，复盘中国本土企业利用数字化资源实现转型升级的实践现象，并比较分析不同路径实施的边界与条件。本书扎根于相关企业的成功实践，试图揭示数字经济情境下企业运用数字化资源实现转型升级的动态过程。

1.4.2 技术路线

本书的研究目标是综合运用数字化资源与转型升级等相关理论，构建数字化资源促进企业转型升级的过程模型。为了实现这一目标，本书的技术路线将从文献综述、理论框架、案例分析和研究总结四个方面逐层分析（见图 1-2），具体如下。

第一，文献综述。以数字化资源、价值共创、企业转型升级等为关键词，检索中英文文献库，仔细梳理和解读文献，确定研究方案，进而准确把握学术界对相关理论的最新研究动态和研究趋势。

第二，理论框架。在总结上述文献研究的基础上，提炼本书的研究问题，并遵循"特征—路径—结果"的逻辑，构建数字化资源促进企业转型升级的理论框架。

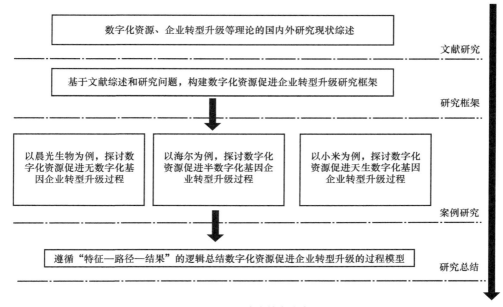

图1-2　本书技术路线

第三，案例研究。结合本书理论框架和无数字化基因企业晨光生物、半数字化基因企业海尔及天生数字化基因企业小米的深度调研，分别系统性地探讨企业数字化资源的内涵与特征、数字化资源促进企业转型升级的路径及数字化资源促进企业转型升级的结果。

第四，研究总结。构建数字化资源促进企业转型升级的过程模型，对比不同企业转型升级路径与结果的相同或不同点，并对全文的研究结论、理论贡献以及管理启示进行总结归纳。

1.5　主要创新点

本书的主要创新点包括三方面。

第一，揭示了不同类型企业的数字化资源内涵，并刻画了不同类型数字化资源的特征，有助于完善数字化资源理论，也为后续学者展开基于数字化资源的研究提供理论基础。

虽然资源理论已被证明是一种高度通用的解释工具，用于构建新的企业理论模型，从而解释有关企业的性质、边界和成长的问题 [40,41]；然而现有资源理论研究主要集中在传统资源，关于数字化资源的研究仍显匮乏。在数字经济时代，数字化资源成为关键生产要素，传统资源的抽象假设和相关研究无法囊括数字化资源，而这也正是传统资源理论对数字经济时代企业新现象的解释愈发乏力的原因。由于数字化资源与传统资源的特征完全不同，而且现有关于数字化资源特征的研究较为分散且存在概念相似或重叠的现象，因此有待对现有研究进行整合，并在统一划分标准下进行分类研究。

第二，针对不同类型的数字化资源，基于价值共创理论，提炼出数字化资源促进企业转型升级的不同路径，发展、完善了转型升级理论，并丰富了价值共创理论。

企业资源基础会影响企业选择转型升级的路径和方向 [42]，价值共创也是企业转型升级的重要路径 [42,43]。尽管不能对不同企业的不同数字化资源基础一概而论，然而现有文献还是将企业笼统地看作同一"黑箱"，仍然对数字化资源促进企业转型升级的路径缺少必要的分类探讨。同时，尽管传统资源是现有价值共创理论展开的主要基础，然而作为新型生产要素的数字化资源却颠覆了价值创造主体之间传统的互动方式 [44-46]。虽然已有少量研究表明企业意识到数字化资源对企业价值共创的影响，但是仍然缺乏对数字化资源与价值共创的深入探讨 [47-50]。本书分类研究了企业转型升级路径，弥补了现有研究对资源基础、产业特征差异性的忽略和将企业笼统地看作同一"黑箱"的不足。同时，本书探讨了数字经济新情境下企业价值共创的基础性问题，这有利于诠释数字化资源匹配企业价值共创的新现象和推动主流的企业价值创造理论发展。

第三，基于"特征—路径—结果"逻辑，发现了数字化资源与企业转型升级之间的匹配与互动关系，并据此构建了数字化资源促进企业转型升级的动态过程模型，完善、拓展了数字经济时代企业转型升级的理论研究。

在传统视角下，企业转型升级将企业向微笑曲线的两端延伸、从价值链低端向高端发展（强调流程环节的转型升级）作为关键点，从而提高核心能力与产品服务的附加价值[15]。同时，传统制造企业转型升级理论更多基于企业内部的资源基础观和动态能力理论等，以传统资源为基础展开影响因素、策略、评价体系等静态要素研究[51-53]。在数字经济时代，数字化资源已成为关键的新型生产要素，虽然已有少量研究表明数字化资源的特征会对企业转型升级产生不同的作用，并展现出区别于传统资源对企业转型升级影响的不同模式[53,54]，但是目前仍然缺乏对数字化资源如何推动企业转型升级的深入探讨。此外，由于现有研究局限于单案例研究，因此很难归纳和比较不同类型企业运用数字化资源，通过价值共创来实现转型升级的新业态。本书构建了数字化资源促进企业转型升级的动态过程模型，进一步丰富了数字经济时代企业转型升级理论研究。

综上，本书将分别对无数字化基因企业、半数字化基因企业和天生数字化基因企业三类典型企业，拟从研究主题、技术路线、研究发现、理论贡献四个关键设计维度（见表1-1），采用探索性的案例研究方法，系统研究、深入探讨数字化资源促进企业转型升级的过程机理，并总结提炼出本书的理论贡献。

表 1-1　本书研究过程的设计表

关键设计			主要内容	
研究主题			综合运用数字化资源和企业转型升级理论，围绕数字化资源促进企业转型升级过程进行研究： ①揭示不同类型企业的数字化资源内涵并刻画其特征； ②剖析不同类型数字化资源促进企业转型升级的路径； ③探讨不同类型数字化资源实现企业转型升级的结果	
技术路线			①数字化资源、企业转型升级相关文献综述和理论框架推导； ②数字化资源促进企业实施转型升级过程的案例研究与总结分析	
研究发现	研究逻辑	特征	路径	结果
	无数字化基因企业（以晨光生物为代表）	①企业数字化资源是什么？ ②企业数字化资源特征是什么？	①不同数字化资源促进企业转型升级的路径是什么？ ②不同数字化资源促进企业转型升级的过程的不同是什么？	①数字化资源促进企业转型升级的结果是什么？ ②不同类型数字化资源促进企业转型升级结果的不同是什么？
	半数字化基因企业（以海尔为代表）			
	天生数字化基因企业（以小米为代表）			
理论贡献			结合研究结论，深入挖掘本书的理论贡献	

第2章
理 论 基 础

本书以"企业转型升级""数字化资源""价值共创"等为关键概念，检索并研读中英文权威文献百余篇，发现国内外主要以工业化时代为背景，从传统资源等方面研究企业转型升级和价值共创。然而，结合当今数字经济时代，企业利用数字化资源，通过价值共创来实现转型升级过程的研究，尚未完整系统展开。

2.1 企业转型升级研究

2.1.1 企业转型升级的内涵

围绕"企业转型升级"的研究主题，国内著名学者毛蕴诗教授持续研究十余年，系统梳理了企业转型升级的驱动因素、影响因素、过程机理和企业绩效等。毛蕴诗等认为：企业转型升级是为提高持续竞争能力以及产品、服务附加价值，寻找新经营方向而不断变革的过程，是产业转型升级的微观层面和最终落脚点[55]。

通过梳理英文文献发现，企业转型升级没有对应的理论术语，只有企业转型（Transformation）、组织转型或企业升级（Upgrading）三种定义，它们在国内文献中都有使用。下面谈企业转型、企业升级两个方面。

一是企业转型方面。Hammer 和 Champy 指出：企业转型是在传统功能式组织结构基础上，变革管理方式，提高企业绩效，例如产品成本、产品质量等。在企业发展面临瓶颈时，企业可以回归原点，通过战略转型根本性改变管理经营方式和商业模式[56]。Porter 认为，企业绩效受企业所在产业内竞争地位的影响，同时还受企业所在产业内竞争力的影响[57]。王德鲁等进一步指出：企业要时刻保持环境敏感性，当原有产业难以持续成长时，应选择转型变革[58]。Blumenthal 和 Haspeslagh 将企业转型定义为流程重构和组织变革，认为企业转型是企业认知变革和行动变革[59]。Klein 认为企业面对动态变化的外部环境，可以选择战略转型或调整组织架构，从而适应外部环境[60]。

二是企业升级方面。该理论概念出现于 20 世纪 90 年代，Porter 立足于产业价值链，认为企业升级是提高企业产品质量、企业生产效率和企业生产技术水平，从而提高企业绩效的过程[57]。Gereffi 将企业升级定义为企业由生产低附加值的劳动密集型产品升级为生产高附加值的技术密集型产品，从而提高企业绩效的过程[61]。Kaplinsky 认为企业升级是生产高附加值产品、提高生产效率、提高技术含量[62]。Humphrey 和 Schmitz 在 Porter 基础上，从企业层面将企业升级定义为提高产品研制能力、提高企业技术创新水平、增强市场营销能力，从而提高企业产品、服务附加价值和企业竞争优势的过程[63]。赵玉林和裴承晨认为企业升级是企业在产业链或价值链位置的提升，由低技术水平到高技术水平、低附加价值到高附加价值的过程[64]。

在国内，学者们将企业转型和企业升级合并讨论。毛蕴诗等指出：企业转型和企业升级紧密相关、内涵一致，如果仅是业务层面的企业转型，则不需要将二者分开讨论。毛蕴诗等将企业转型升级定义为企业为提高持续竞争能力以及产品、服务的附加价值，寻找新的经营方向而不断变革的过程，是产业转型升级的微观层面和最终落脚点[55]。吴家曦和李华燊进一步将企业转型升级分为三种方式：一是转行，指在保留主业的情况下进入新行业、主业转入新行业、完全进入新行业、延伸上游下游产业链、跨领域转型；二是转轨，指企业类型转型、商业模式转型、市场转型、管理转型、企业家转型；三是创新，指提高技术能力、开发新产品、制定新战略。企业转型主要通过转行和转轨，企业升级主要通过创新[65]。通过梳理相关文献，本书将企业转型升级界定为企业利用资源提高生产效率、产品质量、创新能力和交互能力的过程。

2.1.2 企业转型升级的影响因素

目前，相关研究从内部、外部和内外结合三个方面揭示影响企业转型升级的因素（见表 2-1）。

表 2-1 企业转型升级的影响因素

类型	作者	具体内容
企业外部	Kapoor	产业链上下游主体以及用户等多元主体的影响
	孔伟杰	出口规模、市场结构、政府政策、技术环境
企业内部	Bustinza & Oscar	技术创新（智能制造）能力
	Schuh & Gudergan	产品和服务全生命周期信息交换
	臧树伟和胡左浩	根据企业环境形成的动态能力
	戴翔和张雨	双元能力、企业家认知、核心资源
企业内外结合	杨水利和梁永康	产业地位、技术能力、组织结构、战略定位、外部资源、产业竞争力等
	钟春洋	环境创新、企业文化、政府政策、企业家精神、创新投资

毛蕴诗等认为企业转型升级影响因素包括基于资源基础观的内部因素和基于权变理论的外部因素[55]。

一是内部因素。Barney 提出资源基础观，指企业通过配置有价值的、稀缺的、难以模仿的、不可复制的资源，从而提高企业竞争优势[54]。Forbes 和王一鸣认为拥有核心资源和获取关键能力是企业转型升级的基础，包括资本和人力资源[66,67]。吴家曦和李华燊认为企业的技术能力、生产能力和人力资源影响企业转型升级，其中，技术能力是企业转型升级的核心能力[65]。

二是外部因素。毛蕴诗等指出权变理论主要通过影响企业外部环境和内部企业家思想，从而影响企业转型升级[55]，包括两个方面：企业外部支持企业技术创新环境（例如，政府政策）推动企业转型升级[68]；企业家精神尤其企业家创新性和冒险性有利于推动企业转型升级[69]。Humphrey 和 Schmitz 指出市场结构和政府研发投入也会影响企业转型升级[70]。王建秀等认为企业所处行业特征和企业所有制特征会对企业选择不同升级路径有不同的影响[71]。Chakrabarti 指出企业转型升级也会受到企业创新要素配置路径和技术创新路径的影响[72]。此外，Fortune 和 Mitchell 运用自组织理论视角研究企业转型升级的影响因素[73]。

2.1.3 企业转型升级的策略路径

现有研究主要从产品／产业价值链与资源能力理论来研究企业转型升级路径。

黄永明等从核心资源角度研究企业转型升级，指出企业需要具备不可复制的、具有适用性、价值性的资源[74]。Teece 提出动态能力，指出企业面对不断变化的外部环境，需要形成动态能力，从而实现企业转型升级[75]。毛蕴诗等认为，从企业核心资源能力和动态能力剖析企业转型升级来讲，如果聚焦于企业内部的升级，则会忽略企业与企业之间的关系及企业与所处环境的关系[55]。因此，杨桂菊从价值链的角度揭示了企业转型升级的策略路径，提出企业转型升级在原厂委托制造（Original Equipment Manufacture，OEM）阶段构建研发能力，在原厂委托设计（Original Design Manufacture，ODM）阶段构建企业家创新能力，在原始品牌制造（Original Brand Manufacture，OBM）阶段构建品牌影响力[76]。任声策和刘颖指出虽然企业处于后发地位，但是可以利用后发优势，通过走"模仿学习—消化吸收—模仿创新—自主创新"的道路来实现企业转型升级[77]。孙国民和彭艳玲构建了中小企业技术创新战略与绩效分析模型，以使企业实现产品、服务、管理和创新四个方面的转型升级[78]。周云和唐晓实证分析了中国制造业企业数据，构建了企业"出口贸易学习—自主创新—转型升级"的路径[79]。

Gereffi 以资源配置理论视角，将企业转型升级分为四类：一是企业内部的升级，从低附加值到高附加价值的商品，从简单到复杂的产品，从小量需求到大量订单；二是企业间的升级，由生产标准化的产品演化为生产定制化的产品；三是本土升级，从价值链底部组装到 OEM 和 OBM，从而提升价值链位置；四是国际升级，从双边性区域性贸易到多边性区域性战略合作[80]。

Humphrey 和 Schmitz 在 Gereffi 研究基础上进一步提出企业转型升级的四种类型（见表 2-2）：一是过程升级（Process Upgrading），是指通过重构生产流程和重组生产要素，提高投入产出的效率；二是产品升级（Product Upgrading），是指通过提高生产线效率，提高产品生产效率和新产品开发效率，并提高产品附加价值；三是功能升级（Functional Upgrading），是指企业在产业链位置的提升，从低附加价值的生产组装环节向研发设计环节跨越，具有更强的稳定性；四是跨行升级（Inter-Sector Upgrading），是指企业将本行业知识复制于其他产业，从而跨界、跨领域升级[70]。

表 2-2　企业转型升级过程和绩效

类型		过程	绩效
过程升级	价值链环节内	提高技术创新能力，改进产品质量	提高生产效率，提高物流效率，提高企业利润
	价值链环节间	创新研发技术，提升供应链效率，提升电子商务能力	降低生产成本，提高产品质量，增加企业专利数量，提高企业利润
产品升级	价值链环节内	提高设计能力，研发能力，生产能力，营销能力	提高新产品销售比重，提高企业品牌影响力
	价值链环节间	强化设计，研发部门，推动部门间交互，开发新产品	扩大品牌影响力，提高产品附加价值
功能升级		提高生产环节附加价值	优化产品功能，提高企业利润，提高员工水平和薪酬
跨行升级		进入新领域价值链生产环节，在新价值链增加新功能	提高新领域产品销售比重，提高企业品牌附加值

资料来源：Kaplinsky R, Morris M. A Handbook for Value Chain Research[J]. 2002.

在企业转型升级类型中，功能升级得到学者的关注，Giuliani 等指出功能升级可以降低企业专业化劣势，能够给企业更稳定持久的竞争力[81]。随着网络经济的到来，跨行升级成为企业重要升级模式，毛蕴诗和李田揭示了跨行升级对新产业和原产业协同发展的影响，运用边界模糊解释了以网络模型建立来提高产品附加价值、提升企业绩效的路径，构建了跨行 S-O-S（Several techniques crossed-One company-Several sectors crossed）模型，揭示了企业将通过研发多项技术、整合多个技术领域而形成的创造性资产再复制应用于其他产业而带来的指数级经济价值[82]。毛蕴诗等将企业转型升级的路径归纳为"OEM（Original Equipment Manufacturing）-ODM（Original Design Manufacturing）-OBM（Original

Brand Manufacturing)"，其转型轨迹机理如图 2-1 所示 [83]。Gereffi 等基于全球价值链，进一步归纳提出企业内部升级 - 企业间的升级 - 本土或国家内升级 - 国际性区域升级的企业转型升级路径 [84]。周青等指出技术标准化能力提升是"小巨人"企业转型升级的重要表现，并探讨了标准知识开发、标准知识扩散、市场机会识别、伙伴关系构建、合法性建设、标准战略导向是影响"小巨人"技术标准化能力攀升的行为活动，不同情境下关键行为活动及其影响效用、作用秩序均存在差异，且技术、市场动态性的异变会引起攀升路径的转化 [85]。

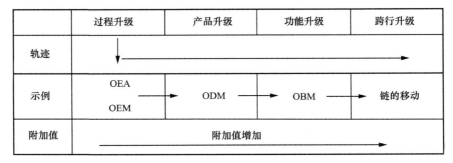

图 2-1　企业转型升级路径图

资料来源：Kaplinsky R, Morris M. A Handbook for Value Chain Research[J]. 2002.

2.1.4　企业转型升级的评价指标

目前，关于企业转型升级的评价指标大多基于价值链的角度，因此毛蕴诗和吴瑶基于资源能力理论、价值链理论和动态能力理论，将企业转型升级的重要评价指标归纳为生产效率提高、产品功能增加、核心竞争力形成、知识获取等维度 [86]（见表 2-3 ）。

龚三乐通过全球价值链理论视角，将企业转型升级绩效评价指标揭示为企业资源能力、企业价值链地位、企业社会效益三个部分 [87]（见表 2-4 ）。刘阳春等基于企业产业链，从技术积累、技术创新、营销渠道创新、产品创新和用户创新的维度构建企业转型升级绩效体系 [88]。王玉燕等建立了企业转型升级战略评价体系，包含经济、技术、品牌、智能化等 6 类要素和 25 个指标；通过对要素的权重进行排序，发现经济效益和质量品牌是企业转型升级的核心要素 [89]。

表 2-3　企业转型升级的理论基础、类型和评价指标

理论基础	升级的含义	升级的衡量
全球价值链	过程升级：重组生产流程提高生产效率	生产效率提高、产品质量提高
	产品升级：提高产品附加价值，提高新产品商业化效率	旧产品改良，产品附加价值提高、产品功能增加、产品价格提高、产品生命周期缩短
	功能升级：用新功能代替旧功能，提高环节附加价值	从组装、生产向研发、设计、销售环节延伸，生产环节附加价值提高
	跨产业升级：将一种产业核心资源能力复制于新产业领域	产品功能优化、产品技术含量增加、产品盈利性提高
核心竞争能力	形成难以替代的独特竞争战略，创造消费者价值	构建人力、技术、品牌、销售、管理核心竞争力
动态能力	根据外部环境，形成适应和变革的能力	获取技术，管理和学习知识

资料来源：毛蕴诗，吴瑶．企业升级路径与分析模式研究 [J]．中山大学学报（社会科学版），2009，49 (1)：178-186.

表 2-4　企业转型升级绩效评价指标

绩效类型	提升内容	评价指标
资源能力	企业研发、生产和营销等核心能力	企业生产效率、研发投入比重、申请专利数量、自有产品销售率
价值链地位	提高价值链掌控力，增加租金获取份额	企业利润率、附加值
社会效益	改良劳动力收入水平，提高就业弹性，促进绿色环境工作	员工收入水平，劳动力使用数量、环保投入占比、就业弹性系数

资料来源：龚三乐．全球价值链内企业升级绩效、绩效评价与影响因素分析——以东莞 IT 产业集群为例 [J]．改革与战略，2011，27(7)：178-181.

2.1.5　数字经济情境下企业转型升级的研究现状

随着物联网、云计算、大数据、智能互联技术等蓬勃发展，企业外部环境发生了巨大变化，人类社会正在进入一个以数字化为表征的新时代 [2]。从现有文献看，对企业数字化转型过程的研究日益兴起，陈剑等指出，在数字经济时代，企业会面临完全不同的经营环境，随着数字技术的发展，企业的经营主体特征、产品属性和价值创造方式都会发生很大的变化 [2]。数字技术发展及渗透 [90-92]、竞争环境加剧 [93,94] 和用户需求变化 [95,96]，影响企业进行数字时代的转型升级。

Bharadwaj 等将数字化转型定义为企业通过数字技术改革企业战略、组织架构、价值创造和核心能力，从而推动产品服务创新、流程创新[91,97]、商业模式创新[98]，进而提高运营效率和企业绩效[99]。Huang 等探讨企业利用数字化资源，通过协调合作来实现转型升级的过程[100]。Vial 通过梳理数字化转型文献，构建了数字化转型过程模型，发现数字技术会引发组织战略响应，企业需要创新价值、创造路径[99]。

2.2 数字化资源

2.2.1 传统资源理论

资源是企业创造价值并实施战略的基础[54]。资源基础理论（Resource Based Theory，RBT）是战略管理领域的重要理论，强调企业不仅是一种管理性组织，更是一种资源集合体[101]。关于资源理论的研究可以追溯到 Penrose 的《企业成长理论》，认为生产性资源的异质性导致企业的异质性[102]。随后，多个学者在 Penrose 的研究基础上，从资源的角度系统剖析企业竞争优势的来源。1984 年，Wernerfelt 首次提出"资源基础观"（Resource-Based View），将企业资源界定为准永久性附属于企业资产，分为有形资产和无形资产，包括计划、企业文化、固定资产，并指出企业竞争优势来源于企业内部资源[101]。Barney 进一步指出企业竞争优势的根本来源是具有价值性、稀缺性、难以模仿性和不可替代性的企业内部资源[54]。

Pfefferand 和 Salancik 在《组织的外部控制：资源依赖视角》一书中提出资源依赖理论（Resource Dependence Theory, RDT），组织理论和战略管理学者开始进行资源依赖理论研究[103]。马迎贤指出资源依赖理论将企业看作开放的系统，企业无法拥有全部生产资源，需要从外部获取资源，企业和外部其他利益主体相互依赖，而外部主体组成的外部环境具有不确定性和偶然性[104]。斯科特明确了资源基础理论和资源依赖理论的区别：资源基础理论是强调企业利用内部资源，而资源依赖理论是强调企业从外部获取资源，企业需要关注资源获取的不确定性并管理不确定性[105]。王琳和陈志军在对如何解决资源限制的资源依赖理论研究中指出：企业以提高核心资源的掌控权，来降低对其他多元主体的资源依赖性；并通过对核心资源的控制，来增强其他主体对企业自身的依赖[106]。Casciaro 和 Piskorski 进一步指出：为了解决资源限制，企业可以采取转移资源和构建联盟等单边战略，或文化、信息等[107]双边合作的双边战略。Upson 等以前人研究为基础，指出企业重构对外部环境的依赖、加强企业的控制力、增强其他主体对自身的依赖方面的三个战略：一是将企业自身变大，产生规模效应，搜寻或培养资源提供方；二是实施二元关联，例如共同决策、构建联盟、合并收购、价值链整合、多元化收购等，但这会带来绩效降低等弊端；三是采取集体行动，比如构建行业协会[108]。

2.2.2　数字化资源内涵和特征

随着数字经济时代的到来，由于不同于以土地、劳动力和资本作为主要生产要素的农业经济、工业经济，数字经济最鲜明的特征是以数字化资源作为关键生产要素[109]，因此部分学者开始关注数字化资源的作用。

Deloitte 将数字化资源定义为企业实现数字技术能力的数字化基础设施、数据资源等[5]。

其中，数字化基础设施（Digital Infrastructure）指支持企业或产业运行的基本数字技术架构、组织结构及服务设施，是企业多样性活动的中心，也是企业内关键的连接和转换平台，具有共享性、无界性、开放性的特征[110-111]。数字化平台是基于数字化基础设施发展而来，已经逐渐成为企业的创新中心，包含多层次结构及服务和内容的数字资源组合，帮助企业与外部利益相关者价值创造和互动交流，具有灵活性、开放性和可供性特征[112]。同时，数字化基础设施具有可编程性，包括执行指令的处理单元和存储指令的存储单元，从而执行各种功能[113]。共享的数字化平台集合、融合了数字化要素和数字化流程，并形成了动态复杂的价值创造模式和企业创新逻辑。

数据作为一种简化的符号，其本质就是 0 和 1[114]，现有研究多将其作为资源理论的补充，即数据资源，进而在原有的理论框架下进行数字化企业和数字经济的研究[29]。数字技术本质包含信息数字化和数据处理，具有数据同质化（Data Homogenization）、可编程性（Reprogrammable Functionality）的特征[115-116]，是计算、信息、交互、连接等技术的组合，对企业战略、组织架构、价值创造、业务流程、产品服务的转型产生影响[117]。也有学者将数字化资源分为设备层、网络层、服务层、内容层四个层次，认为其具有编程性[118]、同质性[116]的特征。

不同于传统资源稀缺性、不可复制性、难以替代性等特征，许多学者归纳了数字化资源新特征。Yoo 等认为数字技术具有可供性，而利用数字化资源的数字化创新具有繁殖性（Generativity）和融合性（Convergence）[119]两个基本特征。Yoo、Abrell 等认为数字化赋能物理组件具有编程性、寻址性、感知性、交流性、存储性、追溯性、关联性（Programmability，Addressability, Sensibility, Communicability, Memorability, Traceability and Associability）七个特征[116,120]。Yoo 等对比了传统技术和数字技术，指出数字技术具有可重编程性、数据的同质性、数字技术自我参考性三个特征[116]。Barrett 等从服务主导逻辑视角，指出相较于传统物理部件，数据资源作为新型生产要素，具有液化性和融合性的特征[121]。

数据作为最具代表性的数字化资源，可以优化决策、提高资源效率、降低交易成本[122]；数据处理具有自动化、智能化和规模化特征，产生边际成本递减和边际收益递增的效应，从而可以和其他生产要素领域结合[123]。大数据具有数据量（Volume）大、多元性（Variety）、价值（Value）密度低、速度（Velocity）高等属性特征（即 4V 特征）[124]。Normann 和 Ramirez 指出数据资源具有高可塑性和价值显性，可以帮助企业极大拓展价值链[125]。王姝等指出数据具有可复制性、高流动性和开放性，推动数据扩散，从而拓展价值链的广度，其可转换性和连接性可使价值链紧密结合，形成数字化时代共享多元的新型商业模式；同时指出数据资源的同质化，即数字将模拟信号映射为一组二进制数，既便于组合其他数据，又可以消除产品和行业边界[126]。在传统视角下，企业需要投入大量创新要素，通过生产物理产品来获取规模经济效益。在数字经济时代，数据等数字化资源具有可复制性、可共享性的特征，符合边际收益递增、边际成本递减的规律。数据资源的可复制性降低了数据存储、复制和传输的成本，也提高了数据的可溯源性[127]。

　　谢卫红等从技术和管理两个维度对数字化资源特征进行分类。一是技术方面，具有可计算、可通信、可感知的特征。二是管理方面，具有分布式创新和组合式创新的特征[127]，其中：分布式创新是指分散地解决问题，利益主体自主选择、自主协调与合作[128]；组合式创新是指系统地解决问题，整合现有技术模块、组件、流程、单元，从而解决新的问题或开发新产品[129]。目前，由于对于数字化资源的特征学者们未达成共识，因此本书通过梳理现有关于数字化资源特征的研究，按照共享性和连接性两个维度进行分类：共享性方面，提炼出专用性和通用性两个特征，指资源是否容易复制到其他领域，决定企业的业务范围和规模；连接性方面，提炼出分布性和融合性两个特征，指资源是否紧密连接各要素或主体，决定企业竞争优势和增长率（见表 2-5）。

表 2-5　数字化资源的特征

维度	特征	整合内容
共享性	专用性	可寻址、可追溯、可储存
	通用性	同质性、可塑性、可移植
连接性	分布性	分布式、开放式、可重编程
	融合性	可关联、可交流、可组合

2.2.3　数字化资源的价值创造

　　Healy 和 Mcdonagh 指出价值创造通过提高技术工艺、优化资源配置、提高资源使用效率等方式提高价值量，并通过增加新的流程、创新要素、产品或服务来增加新的要素。中国信息化百人会课题组指出数字经济具有价值创造的特征，如效率、融合、再生等。在工业经济时代，由于价值创造理论基于交易成本理论、资源基础理论等传统资源，难以诠释数字经济时代企业新现象，因此有待进一步深入研究数字化企业价值创造的独特征[124]。据此，越来越多的学者呼吁立足数字经济时代，基于数字化资源，建立企业创新理论[116,119]。同时，在传统视角下，要对聚焦于企业内部资源和能力的作用进行更多的研究；在数字化经济时代，要对数字化资源特征、多元主体的作用投入更多的关注[130]。

（1）数字化资源的价值创造主体

在数字化资源价值创造的主体方面，学者们采用商业生态系统理论视角[131]和价值网络[132]视角等，强调行动者和相关制度是价值创造的重要内容。数字化资源的价值创造不同于传统企业和用户的二元关系，它是聚焦于多元主体的行为，利用数字化资源的液化、整合特征。Lusch 和 Nambisan 从服务主导逻辑视角，认为企业和用户形成行动者价值网络，在价值网络中，用户不再是价值接受者，而是与企业共同价值创造[133]。肖静华等指出数字化背景下，多元主体构建了商业生态系统，并扮演着不同但相互依赖的角色[134]。欧阳桃花和曹鑫探讨了企业如何利用数字化资源来提高企业技术创新能力和强化企业创新主体地位。研究发现：企业利用数字化资源，通过聚合创新要素，强化企业纵向、横向创新主体地位；通过优化创新要素，提升企业专业化、多元化技术创新能力；通过企业技术创新能力和企业创新主体地位二者之间关系的共同演化、相互促进，实现可持续发展。另外，数字化资源可供性也在强调主体的作用，Majchrzak 等运用可供性视角，指出企业利用数字化资源的价值创造，不仅取决于数字化资源的特征，还取决于企业如何认知和使用数字化资源，从而改进企业创新过程和结果[136]。

（2）数字化资源的价值创造行动

关于数字化资源的价值创造行动，学者们围绕数字化资源架构展开，对多层模块、架构框架等方面进行研究。数字化资源具有可编程特征，奠定了分层架构的基础[139]。数字化资源分为硬件层、网络层、服务层、内容层。戴亦舒等指出，数字化资源赋能设备和机器等物理部件数字化，使硬件和服务解耦，形成松散耦合的价值创造架构，从而快速迭代服务、共享信息内容[140]。杨善林和周开乐进一步指出，数据可以零边际成本进行共享和整合，高效运用数字化资源处理信息和知识可以优化企业决策[141]。吴春林等探讨梯影传媒以数字资源赋能动态营销能力。研究发现：第一，相较于传统颠覆性创新，数字化背景下，初创企业颠覆性创新在创新动力、创新过程和创新结果三方面具有引领性、共享性和跨越性特征，是传统颠覆性创新的进阶延伸；第二，初创企业利用数字资源赋能动态营销能力，并衍生出"数据吸收－数据协同－数据转化"三位一体的数字化动态营销能力，通过内部能力与外部需求的动态适配，推动企业持续颠覆性创新；第三，初创企业利用数字资源打造出技术链、商业平台和价值生态，推动企业指数级增长并引领行业数字化跃迁，实现全方位颠覆性创新。

Grover 和 Kohli 指出，企业利用数字化资源进行资源整合，实现与多元主体价值共创[143]。Vargo 和 Lusch 认为，参与价值创造的主体都是资源整合者，它们通过数字化资源来实现价值共创和绩效创新[144]。Kohli 和 Grover 指出数字化开放性架构平台为资源共享和价值共创提供了新的情境，并呼吁学界对使用开放架构的企业进行深入系统研究[145]。王节祥等立足浙江宁波模具产业集群，协同集群企业构建数字平台，推动产业数字化转型的案例展开分析，研究发现："单点突破"阶段，通过双边共创理念认同、用户引入数字技术、平台解构业务经验，实现知识耦合；"纵向深入"阶段，通过价值兼容理念认同、用户反馈多样主张、平台萃取共性需求，实现模块解耦；"横向延伸"阶段，通过生态扩张理念认同、用户需求牵引互补、平台激发互补创新，推动系统松散耦合，实现"个性方案—行业可复用方案—跨行业整体解决方案"的价值共创演进[146]。

（3）数字化资源的价值创造方式

利用数字化资源进行价值创造具有效率型、融合型和生成型三种方式：

1）效率型价值创造是指数字化资源提高企业研制效率创造价值，在保持原有要素不变的情况下，企业通过提高效率、降低成本来提高创新效率[147]。该方式以企业为主体，企业具有数字化资源处理能力[148]。由于没有新的元素出现，数字化资源作用边际递减，企业主要实现研发和生产的渐进式创新，从而优化改进研发创新活动。

2）融合型价值创造是指数字技术具有可供性，从而实现企业数字化创新融合[119]，融合（Convergence）不同用户的体验、物理产品和数字化部件、不同企业或行业。该类价值创造仍以企业为主体，企业需要对数据具有产生、收集、保存、处理、分析能力，从而为用户提供一整套解决方案[136]。

3）生成型价值创造中的生成（Generativity）是指分散的多元主体驱动数字化资源形成动态变化的能力[149]，表现为生成新能力、生成创新尾迹、生成用户数据[119]。用户不仅可以产生用户数据，还可以产生知识信息[150]。该价值创造方式以用户为中心，用户可以利用数字化资源，根据自己的需求进行创作、分享和应用。

（4）数字化创新

数字化创新（Digital Innovation）指企业利用数字化资源与多元主体形成创新生态系统，通过整合不同类型数据进行价值共创，从而扩大企业竞争优势。数字化创新重塑了物理产品和企业价值创造的逻辑，也重塑了企业竞争形式。伴随数字经济的发展，学者从多个角度进行内涵界定，Abrell 等认为数字化资源通过创新过程和结果影响企业创新：一是企业运用数字化资源来提高企业创新过程绩效；二是企业利用数字化资源来赋能物理产品和服务数字化属性。同时，也有学者关注数字化资源对商业模式等领域的影响[151,152]。吴春林等认为新一代信息技术为颠覆性创新带来了新契机，在激烈竞争情境下，初创企业可以通过数字化赋能动态影像能力，进行颠覆性创新获取主流市场，实现跨越式赶超。

2.3 价值共创

2.3.1 价值共创的内涵与演化

Norman 和 Ramirez 指出在传统的价值创造理论中，企业是价值创造者，用户是价值使用者，价值由线性价值链传递给用户，用户作为创新要素和生产力，可以参与企业价值创造活动[153]。Wikström 将价值共创定义为用户成为企业重要资源和其他利益主体共同参与企业生产活动，通过与企业互动来共同创造价值[154]。Ramirez 进一步提出价值共同生产（Value Co-Production），指出用户是价值创造者而非价值破坏者，用户和企业共同创造价值[155]。价值共同生产理论介于传统价值创造和价值共创之间[156]，是价值共创思想的早期萌芽，本质上仍强调以企业为主导，认为用户是参与企业生产经营活动中的一种生产要素[157]。Prahalad 和 Ramaswamy 正式提出价值共创的概念，强调价值由用户创造和决定[158]，用户体验和用户感受决定价值[159]，用户在价值创造中的地位开始凸显。Vargo 和 Lusch 进一步扩大创造主体范围，认为多元参与者在服务生态的体验中通过参与生产经营活动与企业进行价值共创[26]。简兆权等梳理价值共创的理论脉络，进一步明晰价值共创内涵是指企业、用户、供应商等主体通过资源整合和合作互动来共同创造价值的过程[160]。目前，价值共创的研究已经较为丰富，学者们从关注企业和用户的二元主体演化为关注企业、用户、利益相关者的多元主体，探究商业生态系统的共创价值。

2.3.2 价值共创的类型

（1）企业主导型价值共创

企业需要将资源投入和用户资源整合融入生产经营中，通过与用户互动合作进行价值共创，从而提高企业绩效、企业影响力、用户黏性、企业创新能力等价值[161]。Jacobide 等认为在企业主导的价值共创中，用户需求既是企业生产力和生产要素，也是企业和用户价值共创的产物，用户通过表达诉求与企业互动合作、为企业提供资源，从而共同创造价值[162]。Kellogg 等指出在企业主导的价值共创中，企业提供条件并管理价值共创过程，从而提高价值共创效率，并将价值共创各个环节连接为动态的生态系统[163]。Payne 指出在企业主导的价值共创中，价值主张和共创系统为双向关系，各因素之间相互促进、相互制约，共同构成价值共创生态[164]（见图 2-2）。

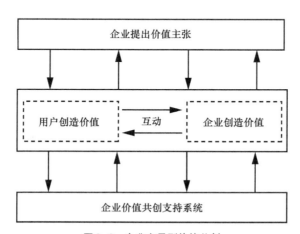

图2-2　企业主导型价值共创

资料来源：武文珍 , 陈启杰 . 价值共创理论形成路径探析与未来研究展望 [J]. 外国经济与管理 , 2012,34(6): 66-73+81.

部分学者从其他角度研究企业主导的价值共创。首先是用户参与新产品开发方面，探讨价值共创的动因、过程和结果。Fang 对企业对企业（Business to Business，B2B）市场进行实证研究，指出用户参与价值共创影响企业开发新产品创新程度以及进入新市场的速度[161]。Kohler 等指出，用户参与价值共创时，企业提供专业化资源和知识技能进行协助，会提高价值共创效率。其次是用户体验和服务创新方面，揭示价值共创内在机理[165]。Edvarddson 等将价值共创定义为用户与企业互动并参与核心生产过程的动态过程，用户可以从创造过程中获取用户体验[166]。Yi 等指出，用户参与会正向影响服务创新绩效，对服务创新和服务绩效起到调节作用[167]。最后是关于线上产品开发方面，Füller 归纳用户参与线上平台价值共创的十类驱动因素，并据此将用户分为报酬导向型、兴趣参与型、好奇驱动型以及需求驱动型四类群体[168]。

（2）用户主导型价值共创

用户主导的价值共创是指用户利用自身资源与企业资源进行交互合作，进而实现价值共创，从而满足自身需求的过程[169]。在价值系统中，企业具有提出价值主张、与用户共同价值共创、提供价值共创支持系统三个作用[25,158]，企业提供了硬件基础设施、组织机构、企业文化、创新氛围、企业制度等资源[170]，从而协助和支持用户进行价值共创。在用户主导的价值共创中，用户获得用户体验价值，企业获得用户忠诚度和用户满意度等价值产出[162]。在用户主导的价值共创生态系统中，价值主张和提供的资源是双向影响关系，各因素之间相互影响和相互制约，共同构成价值共创系统（见图 2-3）。

现有关于用户主导型价值共创理论研究，包括用户和企业互动的价值共创、用户和用户互动的价值共创。用户主导的价值共创，突出"以用户为中心"，认为用户是价值主要创造者、企业是价值共创者，二者共同参与价值创造活动[152]。用户和企业互动合作是价值共创的重要形式，通过信任、交流等方式给用户带来良好的用户体验；同时，用户与用户合作也是重要形式[160]，用户在消费过程中获得交换价值、使用价值和情境价值[25]。

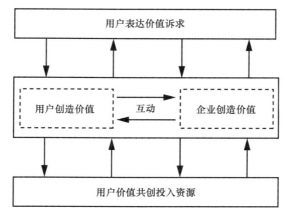

图 2-3　用户主导型价值共创

资料来源：武文珍，陈启杰．价值共创理论形成路径探析与未来研究展望 [J].
外国经济与管理，2012,34(6): 66-73+81.

2.3.3　价值共创的相关研究

（1）价值共创的结构研究

Prahalad 和 Ramaswamy 构建 DART 模型，为价值共创结构奠定坚实基础，包括以下内容：对话（Dialogue）是指企业与用户以平等的身份进行共享式互动交流，具有参与性和交互性；获取（Access）是指企业协助用户在价值创造中获得资源、信息知识等方面，提供基础设施和工具；风险评估（Risk Assessment）是指企业通过各种方法，评估用户在价值创造过程中的风险和威胁；透明（Transparency）是指通过企业和用户之间的透明性，打破信息不对称，实现快速反应 [158]。此后，一些学者运用 DART 模型，探讨在不同的情境下，价值共创的过程机理以及开发 DART 模型的评估测量表。Schivinski 和 Dabrowski 在社交媒体背景下，加入了技术管理模块，改良并拓展了 DART 模型 [171]。

（2）价值共创的过程研究

Payne 等选取作为研究对象的 B2B 和企业对用户（Business to Consumer，B2C）企业 18 个，用以构建用户主导的价值共创模型，并揭示价值共创三个过程：一是用户价值创造过程，指用户通过参与企业价值创造，产出用户体验，从而实现用户学习；二是企业价值创造过程，指企业通过共创机会、计划、制定指标三个元素和组织学习，从而促进价值共创；三是用户和企业互动过程，指用户和企业交流互动，从而共同创造价值。此后，大量学者对用户主导的价值创造框架进行了情境化应用与扩展[49]。Kumar 等通过总结关键客户管理相关文献，提出组建关键客户管理联盟、价值共享机制、价值共创网络对企业技术和商业的重要性[172]。Payne 等以品牌关系体验为情境，拓展用户主导价值共创模型：一是在用户体验中，强调享乐主义、用户创新、用户社区和用户体验要素；二是提出品牌能力的来源，包括用户和用户互动、用户和员工互动、利益相关者背书等[173]。随后，学者们开始将研究主体由二元主体拓展为多元主体。Gummesson 等认为价值共创过程分为资源整合和互动合作两个方面，企业资源整合能力越强，多元主体价值共创活动就越频繁，要在提升价值共创影响力和范围上下功夫，从而提高企业竞争优势。合作互动包括：用户和员工的点互动、用户与用户的交集互动、用户和企业的面互动、企业和企业的体互动。它们有利于企业更全面了解用户的行为偏好和个体特征，从而推动多元主体价值共创效率[174]。资源整合分为三个方面：一是稳定调整，指微调已有资源、不调整组织、员工、流程、技术等核心资源的方式；二是丰富细化，指延伸现有资源、补充新资源的丰富细化的资源整合方式；三是开拓创造，指跨界搜寻新资源并整合新资源和已有资源，从而拓展资源体系的方式。Singaraju 等基于用户主导的价值共创 A2A（Actor to Actor，参与者 – 参与者）模型，提出用户、企业和社交平台三元主体共创价值的过程模型[175]。Ramaswamy 和 Ozcan 提出品牌价值共创的分析框架，核心是品牌参与平台，包括要素、利益相关者、活动、界面，并阐述了数字化时代品牌价值共创的企业实践[176]。周文辉运用多案例研究方法，使用扎根理论，系统全面分析价值共创过程，认为价值共创分为价值共识、价值共生、价值共享和价值共赢四个阶段；同时，知识服务内容与价值共创过程相互协调，从而提高企业绩效[177]。陈雯卿等基于多案例比较分析方法，选取浙江省集成电路、数字安防、网络通信三类数字产业技术标准联盟作为案例对象，探讨其价值共创过程机理，结果发现：龙头牵引型技术标准联盟呈现丰富资源和技术创新导向，通过重构式资源组合和集聚性合作互动，升级产业技术标准、重构联盟竞争优势；场景驱动型技术标准联盟呈现柔性资源和市场需求导向，通过拓展式资源组合和开放性合作互动，制定产业技术标准、强化联盟竞争优势；平台共建型技术标准联盟呈现交叉资源和生态赋能导向，通过跨界式资源组合和赋能性合作互动，引领产业技术标准、延伸联盟竞争优势。

（3）价值共创的主体研究

首先，聚焦于用户角色，认为用户由价值接收者转为主动创造价值者，并指出企业和用户在价值创造中地位和作用趋于平等。Vargo 和 Lusch 基于用户主导的价值共创，强调用户在价值创造的作用 [24]。Vargo 等进一步指出用户和企业角色趋同，用户和企业在价值共创中的角色边界日益模糊，需要重新界定资源使用权和资源所有权 [26]。该类研究虽然强调了用户在价值共创中的重要作用，但是笼统地认为用户和企业是价值创造者，没有细分和剖析企业和用户的类别。

其次，聚焦"用户—企业"二元关系，分析参与者的价值共创作用。Gronroos 在价值和逻辑两个层面上，将价值共创中的企业和用户分类、界定为交换价值和使用价值、生产逻辑和服务逻辑，认为企业是交换价值的创造者，用户是使用价值的创造者，并构建了交换价值模型 [169]。Gronroos 进一步指出在用户主导价值共创中，用户是价值共创主导者，企业是价值共创协助者；在企业主导的价值共创中，企业是价值创造者，用户是价值协助者并通过互动成为价值共创者。通过剖析"用户—企业"二元主体价值共创，Gronroos 指出，用户是价值共创的创造者，企业只有通过用户才能进行价值共创，进一步强化用户的作用和地位 [48]。

最后，聚焦于生态系统中价值共创多元主体的角色。Ranmswamy 和 Ozcan 在价值共创"企业—用户"二元关系的基础上，进一步扩展多元主体构建的网络关系，指出多方利益主体具有产生价值的能力，并界定为代理角色 [176]。Healy 和 McDonagh 以在线球迷社区为背景，使用扎根理论方法，总结出退场者、发言者、忠诚者和扭曲者四类共创角色，并提出进入者、再进入者和不进入者三类新的共创角色 [130]。Lusch 和 Nambisan 认为价值创造来源于社会化平台，识别出评价者、演奏者、教育者、创新者等七类价值共创参与角色；通过分析多元主体价值共创，发现数字化平台是多元主体创造价值的基础设施，相较于传统线下环境，数字化平台使得多元主体有更强的共创共享能力，并可以担任多重角色 [133]。

（4）价值共创的影响因素研究

首先在驱动因素方面。Kumar 等通过访谈用户和企业，识别两个因素：一是用户参与价值共创的驱动因素，包括信任、好奇、需求程度、承诺等用户自身因素；二是情境因素，指影响用户行为的外在环境因素，如与企业的关系、货币激励、依赖程度等[172]。

其次在内在机制方面。Ojasalo 从企业、员工和用户三个方面，分析了领导力是如何促进用户价值共创的，并探讨了价值共创的促进机制，构建了多层次的链式多重中介模型[156]。Ramaswamy 和 Ozcan 运用自我决定理论与内隐自尊理论，通过实证研究方法，检验了用户感知与品牌连接能力对品牌共创价值的影响，构建了品牌共创价值的过程模型。此外，也有部分学者研究了价值共创消极因素的影响[176]。Yi 和 Gong 等以新产品开发为情境，将影响价值共创的因素分为三个层面：一是用户动机因素，如经济、社会、心理等因素；二是企业动机因素，如降低成本、提高效率等；三是阻碍因素，如保密、权力、合法性等[167]。

最后在绩效因素方面。Prahalad 等指出了用户性别对调节价值共创中用户满意度、用户忠诚度和用户口碑产生影响，而用户年龄未产生调节作用[159]。周青等指出关系风险治理影响价值共创绩效，研究发现：偏利共生型关系治理模式下，机构型创新主体为主导者，以效率为导向，实现创新行为的控制，其治理机制为核心企业控治；寄利共享型关系治理模式下，社群型创新主体为主导者，以公平为导向，实现创新关系的扩散，其治理机制为"社群自治 + 核心企业同治"；互利共赢型关系治理模式下，创新主体间平等合作，以民主为导向，实现创新效能质的提升，其治理机制为社群与核心企业共治。然而，不同的关系特征会引起不同的共生风险，主要包括创新资源投入不平衡、主体利益分配不公平、竞合关系维持不稳定。基于此，要明确"互联网 +"企业创新生态系统中主体的角色，核心企业应根据情况选择不同的关系治理范式[179]。Vargo 等以 B2B 平台为情境，认为用户的学习导向、企业的吸收能力和投入度会影响用户的体验价值，并揭示出用户参与价值共创的三个重要动机，包括用户体验、企业效益、用户地位[180]。

（5）价值共创的行为研究

Wells 等运用多案例研究方法，将价值共创分为五个阶段、三个过程，并揭示每个阶段中企业和用户共创的行为[181]。Abrell 等进一步运用模糊集定性比较方法，分析用户价值共创对用户体验和满意度的影响[151]。随着数字经济的到来，部分学者开始关注数字平台对价值共创的影响，Yi 和 Gong 以数字化为背景，研究线上社区、论坛等数字化平台的价值共创[167]。欧阳桃花等探讨了数字赋能品牌价值提升，研究发现：第一，企业利用数字化技术、产品和平台，开展智能化服务和数字营销，赋能营销活动，扩大品牌价值范围；第二，构建客户数据闭环和培养数字服务能力，提升客户数字化交互与体验，赋能客户感知，丰富品牌价值内涵；第三，制定数字品牌战略和树立数字品牌形象，赋能市场业绩，推动品牌价值商业化；第四，数字赋能企业构建品牌生态圈，实现品牌价值的可持续发展与指数级增长[152]。同样，由于数字经济改变了价值共创的环境，催生出共享经济等新模式，因此 Ramaswamy 和 Ozcan 立足共享经济背景，揭示了共享经济模式中的驱动价值共创的行为因素[176]。

2.4　研究小结

国内外学者对企业转型升级、数字化资源、价值共创等研究，为本书提供了有益的启示和借鉴，但仍然存在以下三点不足：

第一，现有资源理论研究聚焦于传统资源，数字化资源内涵特征以及对企业转型升级的作用机制有待进一步探讨。资源理论已被证明是一种高度通用的解释工具，用于构建新的企业理论模型，从而解释有关企业的性质、边界和增长的问题[54,75]。传统资源基础观是指组织拥有的有价值的、稀有的、难以模仿的、难以替代的资源，多指土地、资本和人力等传统要素[54]。然而在数字经济时代，数字化资源成为关键生产要素，与传统资源基础观所指的资源具有完全不同的特征，如传统资源符合边际收益递减和边际成本递增的基本经济规律，而数据等新型资源符合边际收益递增和边际成本递减的新经济规律，这使得传统资源的抽象假设和相关研究无法囊括新型数字化资源，而这也正是传统资源理论对数字经济时代的企业转型升级现象的解释有效性愈发乏力的原因。同时，数字化资源尤其是数据资源的重要性日益凸显，使得部分学者开始强调数据资源的作用[29]；虽已有少量研究表明，数字化资源的特征会对企业转型升级产生不同的作用，并展现出区别于传统资源对企业转型升级影响的不同模式[35]，但是目前仍然缺乏对数字化资源如何推动企业转型升级的深入探讨。

第二，现有价值共创过程研究缺少必要的分类探讨，同时，数字化时代多元主体互动和资源整合机制有待进一步拓展。价值共创是企业转型升级的重要路径，企业资源基础会影响企业转型升级路径和方向的选择。虽然不能将不同企业的不同数字化资源基础一概而论，然而现有文献还是将企业笼统地看作同一"黑箱"，仍然对数字化资源促进企业转型升级的路径缺少必要的分类探讨。同时在数字经济时代，对多元主体的生态系统价值共创有待进一步打开[53]。由于物联网、大数据等数字技术成为产品的一部分，呈现智能化、连接化和网络化，并且数字化重塑了企业和行业边界[32]，颠覆了多元主体价值创造的互动方式，因此有待在数字经济时代背景下，进一步对生态系统多元主体的价值共创行为进行分析，进一步对企业如何以数字化资源促进价值共创主体之间资源的整合和互动行为进行揭示[96]。

第三，现有企业转型升级研究理论大部分以企业内部视角强调向产业链两端升级，数字生态情境下企业转型升级新现象有待进一步探讨。企业转型升级是现代企业理论关注的核心内容之一，目前传统理论认为从价值链低端向价值链高端发展是企业转型升级的关键，即企业向微笑曲线两端延伸，从而提高企业资源能力和产品附加价值[55]。然而，面对数字经济时代层出不穷的新现象，传统理论难以诠释新情境下企业转型升级背后的逻辑与规律[127]。同时，传统制造企业转型升级理论更多基于企业内部的资源基础观和动态能力理论等，以传统资源为基础展开影响因素、策略路径、评价体系等研究[58]。然而，随着数字经济时代的到来，数字化资源已成为关键的新型生产要素，这也是现有企业转型升级理论对数字经济新现象解释愈加乏力的原因。

综上所述，鉴于国内外已有文献研究的不足和数字经济时代中国企业成长中的困惑，更期待本书突破已有的研究局限，为新情境下企业面临数据等新型生产要素、产业及组织边界模糊、智能互联时代的一些机遇与挑战时，如何利用数字化资源来捕捉机遇,实现企业转型升级提供借鉴。

通过文献梳理发现,由于企业资源基础与资源特征会影响其转型升级路径和方向的选择,从而呈现不同的转型升级结果,因此本书遵循"特征—路径—结果"逻辑,深入探讨在数字经济时代和情境下,企业是如何利用数字化资源基础和特征,通过不同价值共创路径,顺利打开促进转型升级过程"黑箱"的。本书的理论分析框架如图 2-4 所示。

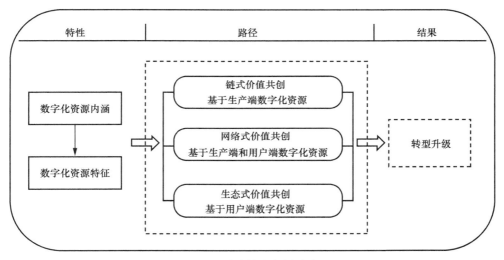

图2-4 本书的理论分析框架

第**3**章

研 究 设 计

管理学的研究目的在于发现、识别、解决和提炼管理领域中的各种实践问题，研究主题和内容存在差异，使得所选择的研究方法也不相同 [182]。本章详细介绍了研究方法的选择依据，阐述了案例企业的选择原则，展示了数据收集的方式与过程，呈现了数据分析的方法与策略（见表 3-1）。

表 3-1　研究设计概况

类型	内容
研究方法	探索性案例研究
数据收集	深度访谈、实地考察、文献资料、档案资料、网络资源
案例企业	晨光生物：中国最大的天然色素生产和销售商，植物提取行业多项世界隐形冠军 海尔：全球最大的家电制造品牌，拥有工业互联网平台 COSMOPlat 小米：以手机、智能硬件和物联网（Internet of Things，IoT）平台为核心的互联网公司，最年轻的世界 500 强企业，拥有最大的消费级 IoT 平台
理论基础	数字化资源理论、企业转型升级理论、价值共创理论
研究问题	数字化资源促进企业转型升级研究

3.1　研究方法设计

案例研究方法是研究设计的探究逻辑，针对现实情境中的企业实践现象，强调研究主题和研究情境相结合 [36,183]。案例研究作为一种实证研究，主要方法是：通过面对面访谈、实地观察、二手资料等渠道对现象进行观察；对详细阐述的现象进行归纳，并解释现象或构建理论；研究者需要对整个案例研究过程保持客观立场，以避免主观判断[184]。

根据研究目的的不同，案例研究方法可以分为三种类型：描述性（Descriptive）、解释性（Explanatory）、探索性（Exploratory）[36]。描述性案例研究方法是指通过对人员、事件和情境的描述，从而解释新现象或新问题，但是不易突出理论贡献；解释性案例研究方法是指通过已有的理论，来理解、解释企业实践现象，从而验证理论，但是对于验证已有理论而言，具有样本数量局限性；探索性案例研究方法是指通过新的理论视角或者新的实践现象进行研究，从而提炼或构建理论，可以从丰富多样的案例数据中挖掘本质，能够发挥案例方法的优势[185]。

综合三种案例研究方法的特征，本书采用探索性案例类型研究方法来研究数字化资源是如何促进企业转型升级的，主要原因还包括如下三点：

第一，当研究问题是管理实践中的新现象，且现有文献尚未对此开展深入系统解答时，探索性案例类型研究方法十分适用[183]。本书旨在探讨在数字经济背景下，数字化资源促进企业转型升级的动态过程。已有文献对于企业利用数字化资源实现转型升级的学术研究有待进一步打开，对于不同类型的企业实施转型升级的内在机理缺乏系统探讨。针对新情境或新现象的理论研究相对有限的情况，可以运用探索性案例类型研究方法，扎根于丰富的企业实践，来识别新的现象和现象背后的原因[36]，并进一步揭示现象之间的因果关系[37]。同时，本书研究问题所涉及的现象较为复杂，需要扎根于特定的管理情境之中。因此，探索性案例类型研究方法适合本书的使用情境。

第二，探索性案例研究方法适用于研究动态变化和管理变革过程[186]。本书按照识别企业拥有数字化资源的构成和特征，数字化资源促进企业转型升级过程及结果的流程顺序，揭示出数字化资源促进企业转型升级的内在机理。尽管这一动态过程包含了多种因素以及因素之间的相互匹配，然而定量研究方法很难揭示其关系特征，因此探索性案例研究方法与本书研究主题和研究目标十分契合。

第三，本书的研究主题旨在回答不同类型企业"如何"利用数字化资源进行转型升级的动态过程，属于"如何"（How）和"为什么"（Why）的问题范畴，因此，适合采用探索性案例研究方法来开展研究[36]。本书关注中国企业如何通过数字化资源实施转型升级，并通过挖掘"如何"问题，进一步分析"为什么"企业转型呈现不同的路径和不同的结果，以及这背后的原因是什么。

3.2 研究情境和对象选择

3.2.1 研究情境选择

本书选择以数字经济时代中国企业战略转型为案例研究情境，主要原因有三点：

第一，数字经济时代、数字化资源重塑了企业转型升级要素基础与过程方式，为企业管理理论探索提供了新情境。以数字技术为代表的新一代工业革命席卷全球，尤其是在物联网和智能硬件普及后，产业环境更加复杂模糊，消费者整合性需求更加提高，这使得企业所处情境发生巨大的变化，颠覆了以往企业价值创造的基础。在传统价值链分工体系下，企业转型研究侧重以效率为中心和满足消费者多元化需求。数字技术的兴起，赋予企业颠覆传统生产方式的能力，也赋予了合作企业、消费者参与个性化定制与重构价值链的可能。因此，数字经济时代的特殊情境，有助于拓展现有的管理理论，应当更加关注企业在数字经济情境下的转型升级问题。

第二，企业管理理论具有很强实践性，加快构建中国特色企业管理理论体系，有利于提升中国企业管理水平。区别于中国企业在以往工业革命中追赶西方企业的形象，中国企业在新一轮的数字技术浪潮中涌现了大量的佼佼者与领先者，如小米拥有全球最大的消费级 IoT 平台，这促使管理学者们有必要完整复盘企业实践，总结并提炼这些中国企业的成功规律，以便指导更多的企业在新的情境下"有章可循"，为企业提供一条可操作性路径。

第三，把论文写在祖国大地上，已成为我国学界广泛共识与价值追求。本书作者所在团队深耕企业实践数十年，笔者也时刻谨记讲好中国故事、研究中国理论、做"顶天立地"研究的感召,渴望对这些"正能量"的鲜活案例进行深入挖掘,提炼中国情境下的企业管理思想[38]。

3.2.2 研究对象选择

本书选择无数字化基因企业、半数字化基因企业和天生数字化基因企业为案例研究对象,并以晨光生物、海尔和小米为典型案例开展研究,三家企业与问题研究和理论建构的目的相契合,同时案例的选择遵循代表性、理论抽样典型性、理论与案例适配性等原则[184]。本书的研究目标是综合运用数字化资源及转型升级的相关理论,探讨数字化资源促进企业转型升级的动态过程,选择这三家企业作为案例研究对象的主要原因有以下三方面:

第一,案例对象的选择兼顾了重要性与代表性的原则[36]。由于企业的成长是基于资源积累的历史演进过程,并影响企业战略选择、组织行为、运营实践等活动,因此本书选用"数字化基因"概念对企业进行分类,既体现了企业数字化资源的积累程度,也为不同企业选择不同转型路径奠定了基础。据此,本书延续陈冬梅等(2020)对企业的划分[25],认为在数字经济时代,存在无数字化基因企业、半数字化基因企业和天生数字化基因企业三类典型的企业。由于本研究所选的三家案例企业是各自行业内的领军企业和典型性企业,它们的转型升级实践的代表性较强,可以代表所处行业大部分企业的发展情况,对不同数字化基因的企业有较强的借鉴意义,因此本研究所选的案例对象体现了案例选取的重要性与代表性原则。

第二,选取研究样本遵循了理论抽样原则。所选案例出于理论的需要,如拓展新兴的理论或者填补已有理论的空白,而非统计抽样原因[187]。虽然现有文献认为资源与转型升级的演化密切相关,但是主要聚焦于稀缺性、不可复制性等传统资源,因此随着数字经济时代的到来,研究情境发生改变,数字化资源成为重要生产要素,存在现有文献对数字化资源如何推动转型升级的互动过程研究较少的问题。本书基于数字化资源研究不同类型企业实施转型升级的过程"黑箱",有助于完善数字化资源和企业转型升级的相关理论。

第三,兼顾了理论目标与案例对象的适配性原则。在数字经济时代的情境下，由于案例企业自身资源基础的不同和数字化资源构成、特征的不同，因此三类企业采用不同的路径，利用数字化资源来促进企业转型升级的实施模式与结果具有显著差异，而这些差异与构建和拓展数字化资源促进企业转型升级过程模型的理论目标相互适配。

3.3 数据收集与分析

3.3.1 数据收集

本书严格遵循案例研究"明确研究问题→理论回顾→企业调研和数据整理"的流程[185]。晨光生物、海尔与小米企业数据收集概况见表 3-2。

表 3-2 本书案例对象的数据收集概况

访谈时间	访谈企业	访谈主题	备注
2019.03、2019.09	晨光生物	数字化资源促进企业连续边界跨越	12 个部门，36 人次，34.2 小时
2020.07、2020.08	海尔	数字化资源促进企业平台化转型	3 个部门，录音稿 5.2 万字
2017.04	小米	小米构建智能互联产品体系	14 人次，国际团队加入，录音稿 13.1 万字

（1）提炼核心研究主题

本研究团队扎根于中国企业的创新实践，持续追踪多家企业，敏锐捕捉到企业在数字经济情境下的实践变化；而在新的情境下，如何顺利进行转型升级则是企业关注的重点之一。国内外学者对企业在数字情境下转型升级的案例研究较少，且更多地聚焦于静态层面上概念、意义的探讨，对于转型升级动因与演化过程的探讨较少[96]。随着中国企业的卓越实践，涌现出大量的鲜活案例，为研究团队提供适合的研究样本和研究数据。因此，本书根植于企业实践，基于大量数据来提炼研究主题，填补现有理论研究的空白点。

（2）相关文献梳理

重点回顾数字化资源和企业转型升级等相关理论。研究团队在调研晨光生物、海尔与小米的过程中，发现它们有效运用数字化资源，对转型升级起到了明显的促进作用。据此，本书假设企业转型升级与其数字化资源之间存在密切关联，并深入研读国内外的相关权威文献，进而构建本书研究框架。

（3）案例数据收集和整理

本案例数据收集开始于 2017 年 4 月，综合运用正式调研访谈与非正式调研（现场观察、二手资料收集、电话访谈等）相结合的多种数据收集方法，以便保证数据之间能够相互补充与交叉验证，从而避免了采用单一信息收集渠道造成的偏差，提高案例研究的构建效度[36]，提高分析过程和研究结论的信度和效度。

1）在调研中，本研究团队主要访谈企业高层管理者，围绕企业转型升级的流程、变革等具体内容进行正式访谈。同时，为保证案例资料还原性，每次访谈均有录音；为确保数据准确性、针对性，参与每次访谈的研究人员至少 5 位，参与主问的研究人员至少 1～2 人，其他人员可以补充提问。访谈以半结构化的形式进行：一是根据研究设计的访谈提纲，对访谈对象进行提问；二是根据访谈对象的回答，及时调整访谈思路，尽可能深入了解信息，让访谈对象针对提出的现象或观点举出实例佐证，避免因其口误或主观而产生数据误差。为保证访谈数据完整性，研究人员会在每次访谈结束当天，及时讨论所收集的数据、整理访谈要点、记录访谈对象先后描述及不同访谈对象之间描述不一致之处，并在下一次访谈中补充完善；此过程不断迭代，保证所收集数据的充分性和准确性。访谈结束后，至少指派研究人员 2 名，对访谈录音进行整理，以便及时追加、校对数据。

2）研究团队中有企业管理的资深教授，他们深厚的专业功底提升了本研究团队对企业实践的理解与判断能力。在访谈后当天，他们都会组织讨论会，初步梳理和分析收集的数据，大致确定研究重点，从而不断提炼、聚焦研究问题。

3）为增加数据多元性和丰富性，研究团队在正式访谈的基础上，还收集企业官网资料、内部档案及网上关于晨光生物、海尔和小米的报道等，构成本研究的补充资料。同时，还通过现场观察晨光生物生产车间、小米之家体验店、购买试用小米智能互联产品等方式，来直接理解与体会企业产品，以获得直接观察数据。

3.3.2　数据分析

在数据分析过程中，本书主要依靠面对面访谈数据，并与二手数据进行结合。已有的转型升级和数字化资源相关知识，为本书提供了一套相关的分析结构，用于构建本书的数据分析框架[188]。数据分析过程包括三个阶段。

首先，本书从访谈记录中找到了企业通过数字化资源实现转型升级的实例，从企业发展阶段排列中，提炼数据的一阶构念，描述数字化资源类型、特征和转型升级类型以及数字化资源的作用[189]。

其次，从学理层面分析一阶构念，将概念上属于同一个主题的一阶构念聚合成二阶构念，以求从理论层面描述或解释研究现象，讲述"故事"[189]，展示数字化资源对企业转型升级的影响。

最后，进一步抽象二阶构念，从而改进试探性的解释，以挖掘描述性"表面结构"下的解释性"深层结构"，并探索构念如何丰富理论（如数字化资源的特征）或发展理论体系（如数字化资源促进企业转型升级的路径分类）[189]。

在数据分析过程中，本书始终确保数据、理论和发现的一致性[188]。本书通过使用多个数据源（即访谈、观察、新闻报道等），并应用三角测量规则[190]，避免受访者和研究人员错误的先入之见。当整个分析过程中不再出现新元素时，分析达到了理论饱和度，并且本书对该现象的理解并未因新信息的添加而改变。此外，本书邀请三名企业员工确认本书研究发现的准确性，并进一步交叉验证本书的研究结果。

据此，本书提炼出生产端数字化资源促进企业转型升级（见图 3-1）、生产端和用户端数字化资源促进企业转型升级（见图 3-2）及用户端数字化资源促进企业转型升级（见图 3-3）的概念层次图。

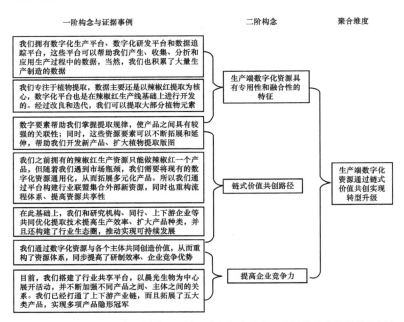

图3-1 生产端数字化资源促进企业转型升级概念层次图（以晨光生物数据为例）

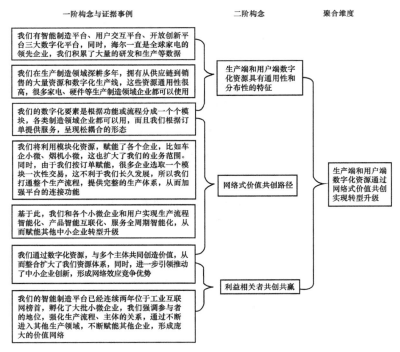

图3-2 生产端和用户端数字化资源促进企业转型升级概念层次图（以海尔数据为例）

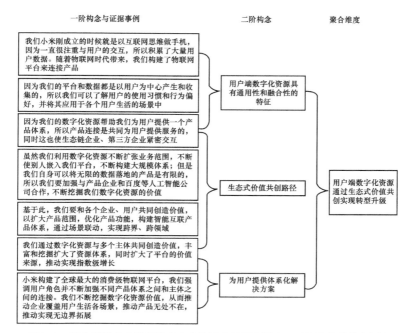

图3-3 用户端数字化资源促进企业转型升级概念层次图（以小米数据为例）

第 **4** 章

数字化资源促进无数字化基因
企业转型升级

4.1 案例描述

  晨光生物成立于 2000 年，以"建设世界天然提取物产业基地"为战略发展目标，员工 1462 人。公司从创立之初就濒临倒闭的县办小作坊，经过二十余年发展，2021 年的销售收入接近 48.74 亿元，出口创汇超过 9000 万美元，成为中国最大的天然色素生产商、销售商和世界天然提取物行业的领军企业。晨光生物现拥有子（分）公司 23 家，主要研制五大产业 80 多种产品，具体包括五大品类[①]：①天然色素；②香辛料提取物和精油；③药用及营养提取物；④油脂和蛋白；⑤保健食品。晨光生物以从红辣椒提取辣椒红为出发点，多元拓展不同产业，夺得了辣椒红产销量连续 12 年稳居世界第一、叶黄素浸膏（简称"叶黄素"）产销量世界第一、辣椒精产销量连续三年保持世界第一等多项隐形冠军。与此

[①] 一种品类代表一种产业，包含多个不同产品。以晨光生物为例，天然色素品类包含辣椒红、叶黄素浸膏和姜黄；香辛料提取物和精油品类包含辣椒油树脂、花椒油树脂、胡椒油树脂、姜提取物和孜然提取物；药用及营养提取物品类包含叶黄素晶体、番茄红素、葡萄籽提取物、姜黄素、咖啡豆提取物、菊粉和甜菊糖；油脂和蛋白品类包含葡萄籽油、核桃油、红花籽油、亚麻籽油、棉籽油、叶黄素和脱酚蛋白；保健食品品类包含叶黄素胶囊、姜黄葛根胶囊、维克西胶囊、玛咖淫羊藿胶囊、辅酶Q10 胶囊、叶黄素酯糖果、叶黄素酯软糖和抑菌代餐粉。

同时，晨光生物使中国辣椒红在全球的市场占有率从创业初的 2% 提升到当今的 80%，深化巩固了中国植物提取加工产业的世界地位。

晨光生物战略分三步走：第一步是辣椒红产销量世界第一，公司上市（已经实现）；第二步是世界第一或前列的产品达到十个左右，建成世界植物提取物产业基地（初步实现）；第三步是做大做强保健品、中药提取等大健康产业，为人类健康做贡献（正在起步）。随着辣椒红产销量稳居世界第一和辣椒种植在印度及我国新疆稳步发展，第一步战略已经实现。此时，晨光生物需要在产品品类上进行突破、丰富，同时，竞争者的追赶倒逼企业增强时不我待的紧迫感。因此，2011 年晨光生物开始实施数字化战略，分别设立了研发中心、中试中心和数据中心，用于数据的研发、生产、存储和分析，为企业优化产品生产设施、扩张产品品类奠定数字化基础。2013 年，晨光生物决定利用数字化资源实施多品类战略。晨光生物发展历程的关键事件如图 4-1 所示。

图 4-1 晨光生物发展历程的关键事件

4.1.1 延伸全产业链，成为单一产品生产商

自 20 世纪 50 年代美国率先在辣椒中提取出辣椒红，辣椒提取便成为植物加工产业的主要方向。美国、西班牙、印度先后引领并主导了辣椒提取产业近半个世纪，我国在天然提取物行业长期处于竞争劣势地位。进入 21 世纪后，这个行业因卢庆国创办晨光生物而改变。

创立初期，卢庆国面临三个困难：一是辣椒红产品因规模小和品种单一而没有竞争力；二是因原料与运输成本高而缺乏区位优势；三是资金、技术、人才等企业资源匮乏。面对上述困难，卢庆国决定聚焦辣椒红色素产品，他认为，天然色素产业是朝阳产业，但由于技术落后、资金匮乏等因素，国内辣椒提取产品全球市场占有率很低，这与我国是辣椒资源大国很不匹配。作为远离中心城市的晨光生物要在激烈竞争中立足发展，需要不断改进技术，在延续早期主营业务辣椒红生产的基础上，还要努力拓展其他产品。

（1）改良技术，提高加工能力，提高生产效率

在工艺方面，2001 年，卢庆国活用他在五金加工厂工作时所积累的机械加工宝贵经验，带领技术核心团队自学提取技术，改良传统的立罐法提取技术，增加了提高烘干速度的旋转罐，变提取、烘干两步传统工艺为一步，进而又实现了造粒提取、带柄提取等技术突破。2004 年，晨光生物整合辣椒提取环节，改造生产设备，建成全球第一条辣椒红萃取连续生产线。这些技术创新，攻克了辣椒提取物连续逆流提取等世界性难题，企业生产线的日处理能力从最初的 10 吨提高至 120 吨。由此，晨光生物提高了产品竞争优势，确定了企业核心产品，初步稳定了行业领先地位。

（2）原料基地投资建厂，向产业链上游延伸，提高产品竞争优势

由于在天然植物提取领域的原材料成本占比超过 90%，并且植物原料多属于专用品种，一个品种的产业化推广周期为两到三年；因此企业要在国际市场上保持领先地位，就必须有优质特色农产品基地提供原料支撑。基于前期提取经验，晨光生物发现新疆的辣椒因干燥、温差大等自然环境原因而又红又辣；据此，卢庆国在 2006 年决定前往辣椒主产地新疆筹建第一家子公司——新疆晨光天然色素有限公司，并先后在焉耆、喀什等地建成了 6 家子公司。在新疆投建后，凭借充足的辣椒原料再加之先进的提取技术，晨光生物在 2008 年实现了辣椒红产销量世界第一。类似地，晨光生物在河北、新疆、云南等地建立了辣椒、万寿菊、甜叶菊、番茄等农产品基地。目前，在晨光生物带动下，新疆巴音郭楞蒙古自治州成为全球最大的色素甜椒产区，新疆莎车县成为全球最大的万寿菊种植加工基地。与此同时，晨光生物形成了"公司＋专业合作社＋家庭农场＋农户"产业联合体模式，即以晨光生物为核心，以合作社为纽带，以家庭农场、农户为基础，通过订单生产等形式，形成的分工明确、关系紧密、共创共享的合作联盟。

　　为了实现建设世界天然提取物产业基地的战略目标，卢庆国将目光瞄向国际原料产地。晨光生物通过数字化设备分析筛选上百个辣椒样本，最终选定位于印度坎曼的具备高含量辣素和色素的辣椒。2012 年，晨光生物第一座海外工厂——印度晨光公司在坎曼建成投产。随后，晨光生物又相继在非洲成立了晨光生物科技（赞比亚）有限公司和晨光生物科技赞比亚农业发展有限公司。晨光生物利用高质量辣椒原料，以及同时提取色素与辣素的技术突破，成为辣椒色素和辣素的双料世界冠军。由此，晨光生物产业基地由河北到新疆再蔓延至全球，进一步拓展了企业纵向边界。

　　（3）开发医药保健品，向产业链下游延伸，提高产品附加价值

　　近年来，卢庆国通过市场分析发现，消费者回归自然的理念日益增强，医药和保健品等趋向绿色和天然。卢庆国决定依托天然色素产业优势，融合植物提取技术与中药理论，实现中药提取，布局"大健康"领域。2013 年，晨光生物成立营养药用事业部，增设营养及药用生产线；2019 年年初，收购邯郸金诺药业，将其作为保健品和中药产品生产基地，正式进军中药行业，利用植物提取技术，提升中药现代化应用水平。同时，晨光生物保健品业务从最初的为品牌商提供单一有效成分的标准产品，升级为品牌商提供配方产品。晨光生物基于原料和技术设备优势，研制出叶黄素胶囊、番茄红素胶囊、叶黄素软糖等保健品，并取得番茄红素、叶黄素等"小蓝帽"[①] 保健食品生产资质 7 种，完成备案 18 个。由此，晨光生物向产业链下游延伸，打破了植物提取物仅仅作为中间体产品的窘境，不仅提高了产品附加价值，还从 B2B 业务拓展到 B2C 业务，由生产加工商向品牌商转型，延长了企业纵向边界。

4.1.2　拓展多元化产品，成为多品类产品制造商

　　天然色素产业的市场总量有限，已经成为天然色素提取物头部企业的晨光生物，该如何突破发展瓶颈？通过市场分析，卢庆国认识到天然色素类产品已趋于饱和，企业发展瓶颈逐渐显现，需要寻找新的增长点。由于 2011 年晨光生物实

---

① 是国家审批认证的保健食品标志，在保健食品领域，象征着质量过硬。

施数字化战略以来，设立的研发中心、中试中心和数据中心所积累的大量研发和生产数据为企业拓展产品品类奠定基础，因此 2013 年晨光生物决定利用数字化资源拓展新产品。

（1）一椒三产品，横向边界跨越

辣椒作为晨光生物的核心植物，由色素类物质和辣味类物质构成。在传统辣椒提取中，由于提取物极性不同，企业要么提取色素，要么提取辣素，而色素的市场价格远远高于辣素价格；因此企业在提取上往往会选色素而弃辣素。然而卢庆国坚信辣椒作为一种流传上千年的食物，其味道也具有广阔的市场价值。于是晨光生物决定同时提取色素和辣素。由于晨光企业经过实验发现从辣椒中同时提取辣椒红与辣素所需的溶剂会产生容易导致爆炸的过氧化物；因此晨光生物研发团队多次走访请教北京大学、中国科学院、石油化工研究院等院校和研究机构，历时四年，首创了可以同时安全提取辣椒红和辣素的辣椒颗粒复合溶剂。同时，产品可得率（纯度与数量）也得到了提高，辣椒红由 93% 增至 98%，辣素由 35% 增至 95%，每吨原料溶剂损耗也由 300 千克降至 3 千克以下。由于提取技术的创新，晨光生物于 2012 年首次横跨辣素产业，实现了辣椒红和辣素两个产品的双料世界冠军。在此基础上，晨光生物进一步提炼纯化辣素，开发出广泛应用于麻醉、针剂等医疗领域的辣素极高的晶体物质——辣椒碱，公司也由此进入香辛料提取物产业。2014 年，晨光生物的"辣椒天然产物高值化提取分离关键技术与产业化"获得国家科学技术进步二等奖，进一步稳固了晨光生物辣椒提取物行业的领先地位。

（2）延伸天然色素提取技术，扩大企业横向边界

辣椒提取和天然色素是晨光生物的核心竞争力，如何以辣椒为原点，通过延伸天然色素提取技术拓展其他产业呢？

第一，拓展天然色素产业其他品种，保持天然色素领先地位。晨光生物发现，由于作为重要天然色素产品的叶黄素的提取技术与辣椒红类似且具有市场前景，因此根据万寿菊植物特征来调适辣椒红提取技术和提取数据，从而成功地提取叶黄素。2015 年，晨光生物在印度投建了第二家海外子公司——晨光天然提取物（印度）有限公司。次年，万寿菊项目投建完成，种植总面积达 17 万亩（1 亩 ≈ 666.67 平方米），跃居世界第一位，进一步推动实现叶黄素产销量世界第一。

第二，寻找新的经济增长点，拓展其他植物提取产业，丰富产品品类。2010年，晨光生物以辣椒和天然色素为切入点，以姜黄和天然色素类提取数据为基础，研制姜提取物，整合辣素和姜提取物提取数据，开拓了香辛料和精油类产业。随后，卢庆国发现，由于辣椒农作物具有季节性特征，企业往往处于无法整年运作，有休工期，因此晨光生物将目光瞄准与辣椒生长期不同的棉籽。2013年，晨光生物以棉籽、香辛料提取物和精油类数据为基础，生产棉籽蛋白，建成中国最大的脱酚棉籽蛋白数字化生产线，棉籽蛋白产销量由此位于国内前两位，并打开了油脂和蛋白品类产品新业务，进一步拓展了晨光生物植物提取版图。

目前，晨光生物公司产品品种已扩展到五大品类 80 多种，产品结构形成多元化，其中：辣椒红色素全球市占率超过 50%，连续 12 年世界第一；辣椒精、叶黄素连续多年位居世界第一；花椒提取物产品实现了出口突破，现位居行业第二。

4.1.3　资源综合利用，成为行业共享平台

随着企业规模的不断扩大，晨光生物发现，可以对在农产品提取和加工过程中产生的非主要产物（即加工副产物）中含有的大量营养成分进行再次开发利用，而植物提取是实现植物资源综合利用最有效途径之一。如卢庆国所说，推动植物提取产业的资源综合利用是一件利国利民的好事，目前，我国农产品及加工副产物综合利用还不充分，许多植物资源被直接作为废弃物处理，不仅造成资源浪费，甚至还会造成环境污染。植物提取物产业是新兴产业，有利于发展循环经济和为农民脱贫致富等提供强有力的支撑。

以番茄为例，番茄红素是目前最有效的抗氧化物之一，有"植物黄金"的美誉。过去，番茄红素主要从番茄酱中提取，因产量低、规模小、成本高而被视为"奢侈品"。晨光生物创新提取技术，对番茄"吃干榨尽"，即从番茄籽中提取番茄籽油，从番茄皮中提取番茄红素，烘干提取后的皮渣做成饲料。由于番茄籽油和番茄皮渣能冲抵生产成本，因此实现了对番茄红素的零成本提取。2017 年，

全球番茄红素领导企业 Lycored 的首席执行官（Chief Executive Officer，CEO）受创新提取技术吸引，主动与晨光生物洽谈番茄红素战略合作。从一种植物中提取多种产品，不仅能实现植物资源综合利用，还能为企业构建行业生态圈奠定基础。

晨光生物把"吃干榨尽"的理念应用到每一类产品的开发上，运用数字化研发平台分析每种原料的成分，寻找具有开发价值的新产品，并通过数字化生产平台进行试生产。在此基础上，卢庆国率先提出建设植物提取行业生态圈课题，利用数字化平台，开展与上游农场、中游科研机构和加工企业、下游品牌商的战略合作，最大化促进产品综合价值发挥和循环经济发展，如：从甜菊糖生产废水中提取黄酮和绿原酸；从棉籽中提取短绒棉、棉籽壳、棉籽蛋白、棉籽油等原料成分，又从萃取的废水中提取抑制肠道内有害物质的棉籽低聚糖，将传统毒害物质棉酚开发成用于癌症治疗和草原灭鼠的药品；将以往当作肥料的葡萄籽进一步提取成高附加值的花青素和葡萄籽珍品油；将辣椒红、叶黄素等主要产品提取完成后的废渣制作成饲料，实现全品类的物尽其用。

据此，"吃干榨尽"的提取理念推动晨光生物全方位提取植物，进一步扩展了油脂、饲料和医药等产品领域，使之形成"吃干榨尽"式闭环产业链；同时，多层次提取数字技术可以提高企业扩大生态边界效率，而副产品价值又可以冲抵生产成本，从而实现企业可持续发展。

4.2 案例分析

本书按照"特征—路径—结果"逻辑，对晨光生物这类无数字化基因的传统制造业企业如何通过数字化资源促进企业转型升级进行分析，具体如下。

4.2.1 生产端数字化资源内涵与特征

由于在转型升级过程中，很多传统企业非但没有转型成功，反而失去了过去的资源能力优势[190,191]；因此企业对现有资源能力进行识别，有助于传统企业在向新范式转型时，既利用已有资源的优势，又克服已有资源的弊端[192]。在数字经济时代，中国的传统企业也开始进行数字化转型，并期望借助数字化资源来实现企业业务领域的扩张，晨光生物就属于这一类企业。

面对创业早期的内外交困窘境，卢庆国及其团队致力于变革技术、提高效率、降低成本。晨光生物改良传统提取技术，并搭建了全球第一条自动化、连续化色素生产线，攻克了连续逆流提取、带柄提取等全球性难题，让原本设备的日处理能力从 10 吨提高到 30 吨。由此，晨光生物形成了先进天然植物提取技术的核心竞争力，也就此规划生产端的数字化资源布局。

1. 生产端数字化资源构成

数字化资源被定义为企业实现数字技术能力的数字化基础设施（包含数字化硬件及软件平台）及大量的数据资源[5]。2011 年，晨光生物实施数字化战略，分别设立了研发中心、数据中心、生产中心（"黑灯工厂"，即使关灯也可正常运行的工厂，即智慧工厂），用于研发和生产数据的产生、存储、分析和应用，为企业拓展产品品类奠定数字化基础设施。

（1）研发中心设立数字化研发平台，产生收集研发数据，并实现数据溯源，提高研发效率

晨光生物数字化研发平台包括液相色谱—质谱联用仪、气象色谱—质谱联用仪、电感耦合等离子体质谱仪、超高效液相色谱仪、超声提取、微波提取、蒸馏提取等单元，不仅能满足各类常规植物研发实验，还能够产生并记录提取物的原始研发数据。数字化研发平台作用体现在：一是可以查找和追溯数据。晨光生物数字化研发平台具有可追溯性，通过标准化输入和输出可以完整记录研发数据[34]；而流程化的研发平台收集研发数据，帮助企业追溯最佳提取物和提取参数。二是提高研发效率和安全性。晨光生物数字化研发平台通过全程自动化产生、录入和收集提取数据，提高研发效率[90]；同时，由于植物提取涉及的化学试剂的安全性对于企业至关重要，因此对试剂使用量的控制具有较高的要求，而数字生产平台的可视化可以帮助企业精准管控提取流程，提高提取安全性[97]。

（2）生产中心设立数字化生产平台，产生收集生产数据，并实现多层次生产，提高生产能力

晨光生物坚持创新技改，以第一条连续化生产线为基础，向数字化、智能化转变，推行"黑灯工厂""黑灯车间"建设。晨光生物数字化生产平台包括低温萃取、产品结晶、超临界等 7 个生产单元，满足萃取、过滤、分离、浓缩和干燥等整个生产工艺。经过不断摸索和创新，晨光生物将数字化生产线进一步延伸至结晶、纯化、改性等环节，从而提高产品附加价值。在此基础上，晨光生物还独创了体系化生产设备，以连续化、自动化处理系统替代了传统的独立、分散的多环节人工处理工序，以高效逆流连续萃取工艺和设备替代了传统的间歇式萃取工艺和设备，实现产品多层次提取。如晨光生物突破了皮渣番茄红素规模化提取技术，并建成一条大规模加工番茄籽、皮的自动化数字生产线，从番茄籽、皮提取番茄红素，从而实现对番茄"吃干榨尽"。此外，晨光生物通过数字化生产平台完成人员调配、生产调度、产量控制、成本控制、工艺反馈与改进等整个生产流程，通过采集、管理现场实时数据，及时引导、实施和反馈工厂的活动[112]。如在晨光生物"黑灯工厂"中，现场往往只有一两个技术人员，从而实现高动态性、高生产率、高质量和低成本的产品数字化生产。

（3）中试中心设立数据追踪分析平台，对原始数据进行追踪、转化和分析，挖掘数据价值

数据追踪分析平台包含油溶色素、水溶色素等通用性的数字化模块 7 个，起到连接和承上启下的作用，可满足各类产品交互和中试放大的需求。数据追踪分析平台起到连接各部门、各生产环节的作用，通过对数据的转化（标准化）、交互进而反哺企业，实现企业可持续发展。具体而言：首先，数据追踪分析平台连接数字化研发平台和数字化生产平台等多种数字化平台，持续收集植物提取过程中的研制数据；其次，数据追踪平台通过转化不同类型提取数据，使其标准化，实现数据交互和联通，从而打破不同部门、流程环节的壁垒；最后，数据追踪平台具备有效成分含量、溶剂残留等大类检测能力，从而有效保障从实验室小试到工业化生产全流程的及时性、准确性，进而保障产品质量的可靠性。另外，数据分析平台可以在现有数据基础上，进一步挖掘数据价值，探索潜在产品和未来发展方向[112]。由此，数据追踪分析平台加快了研发新产品的速度和成功率，并进一步反哺企业，实现数据价值再创造。

（4）除了数字化基础设施外，晨光生物积累了大量植物提取数据，包括研发数据和生产数据

在植物提取行业中，研发数据指不同植物的要素含量和提取特征等数据。研发数据可以缩短新产品开发周期，提高新产品研发效率，节约新产品研发成本。更进一步地，研发数据具有复制性、转换性和低成本的产品复制能力，可以实时共享于新产品开发中，实现零成本的产品复制，提高新产品开发可能性[110]。生产数据是指不同植物最佳提取参数以及生产过程中的工业数据，通过传感器或者射频识别（Radio Frequency Identification，RFID）技术实现自动采集。生产数据具有可视性和可关联性：一是优化产品的生产流程和进度[115]，针对每个产品以及产品对应的生产流程，统计产品的提取率、合格率、废品率等，并评估每个环节的生产时长、生产成本等，从而提升产品质量和缩短产品生产周期；二是使得企业可以整合多个关联的单一产品专用性生产数据的特征及规律[196]，从而可将其归纳为通用性生产数据，以此推动企业拓展产品品类。

综上，晨光生物拥有生产端数字化资源，指企业生产过程中的数字化资源，包括数字化研发平台、数字化生产平台和数据追踪分析平台三个数字化基础设施，以及研发数据和生产数据构成的生产端数据，通过打通产、学、研成果转化及产业化环节，形成了融合研发、分析、成果转化为一体的数字化创新系统。

2. 生产端数字化资源特征

有别于传统工业化发展时期的竞争模式，在数字经济时代，企业核心竞争力从传统的"制造能力"向"数字化能力＋制造能力"转变[92]。同时，企业研发向协同化、动态化转型，实现技术研发创新能力；生产向智能化、柔性化转型，实现生产方式变革能力[117]。对于技术立业的晨光生物来说，其植物提取技术是核心竞争力，并在此基础上发展生产端的数字化资源。

因此，如上文所述，晨光生物聚焦于植物提取行业，其市场空间较为有限。同时，数字化资源是以企业为中心进行布局，包括两类：一是处于核心地位的生产端数据；二是用于产生、存储、转化、分析、应用生产端数据的数字化平台。如文献综述部分所述，本书将从共享性和连接性两个方面分析生产端数字化资源特征。

（1）共享性方面

一是晨光生物形成的研发数据和生产数据，是以企业为中心产生的色素含量、提取温度、提取湿度等植物提取相关的专业化数据，由于它们局限于植物提取细分领域，仅共享于行业内不同植物间，无法跨越行业共享，因此呈现专用性。二是用于植物提取研发和生产以及数据应用的数字化平台，即数字化研发平台、数字化生产平台及数据追踪和分析平台，由于它们局限于植物提取行业，很难应用到制造行业其他领域，因此具有专用性。由此，生产端数字化资源具有专用性，仅可复制共享于细分领域。

（2）连接性方面

一是数据具有的可关联性、可拓展性特征[25]，使得企业可以将多个关联的单一产品数据的特征及规律整合、归纳为单一产品品类和多产品品类数据，以组合不同数据来拓展产品品类，因此具有融合性，如通过整合辣椒油树脂提取数据和姜提取物提取数据，将得出的该类产品提取特征应用于开发花椒油树脂、辣椒油树脂等产品，从而开拓香辛料提取物和精油品类产品业务。二是由于晨光生物数字化研发平台和数字化生产平台是连续化流程关系，即数字化研发平台开发的新产品利用数字化生产平台进行规模化生产，因此组合式架构使业务流程紧密连接在一起[35]。同时，数据追踪分析平台进一步打破不同产品之间和不同部门之间的壁垒，强化了数字平台的融合性。另外，由于晨光生物一般不会公开作为企业核心竞争力的实体数字化平台，只有与其他方形成合作伙伴关系、构建联盟运行机制等时才会共享平台，因此数字化平台具有连接各个流程和多元主体并形成紧密关系的融合性。由此，生产端数字化资源具有融合性，使主体之间、产品之间连接，形成植物提取平台（见表4-1）。

表4-1　生产端数字化资源识别和特征刻画

数字化资源类型	市场特征	逻辑起点	数字化资源构成	数字化资源特征
生产端数字化资源	市场空间有限	技术	生产端数字化平台、生产端数据	专用性、融合性

4.2.2　生产端数字化资源促进企业转型升级路径

晨光生物 10 年把从辣椒红跨越到叶黄素等不同的 10 个产品做到世界第一，连续成为多项产品的隐形冠军。从知识分工视角看，企业边界范围主要取决于企业资源能力的深度与广度^[193]。企业资源能力边界的深度，是指企业对某一项核心能力的运用程度和水平，一般采用专业化方式实现（单项产品隐形冠军），它从纵向方面反映了企业的竞争优势^[194]；资源能力边界的广度，是指企业内部拥有的核心能力的种类，一般采取多元化方式实现（产品多元化），从横向方面反映了企业的竞争优势^[195]。在企业成长过程中，只有极少数的传统企业可以兼顾专业化和多元化。究其根本原因：由于传统企业在成长过程中，长期受困于资源匮乏，因此既没有资源能力的深度，也缺乏资源能力的广度^[196]。

晨光生物作为传统农产品制造企业，为什么能够克服资源匮乏障碍，提高研制效率，连续跨越多品类，成为多项世界隐形冠军呢？本部分在归纳晨光生物发展历程和数字化资源识别的基础上，进一步探究晨光生物的实践逻辑，即数字化资源是如何推动企业转型升级为世界多项产品隐形冠军的。由于数字化环境的动态变化，已使单独创造价值无法适应企业发展要求，因此面对分散的创新资源，企业需要通过整合内外部资源来实现多元主体的价值共创^[133]。本部分将从价值共创的资源组合和合作互动^[174]两个方面，来分析数字化资源是如何促进企业转型升级的。

1. 重构性资源组合

晨光生物作为传统制造型企业，成立初期是一家濒临破产的小作坊，只有传统提取技术和机械式生产线，不具备数字化基因，也缺乏数字化生产要素。因此，企业想要利用数字化资源转型升级，针对专用性和融合性的特征，不仅需要整合数字化资源来组合新的资源，还需要利用以往积累的资源优势来改变已有资源的投入方式，从而形成资源组合价值最大化。具体可以通过整合新资源、重组已有资源两个方面来实施。

（1）发挥数字化资源融合性，整合新资源，产生新价值

一是整合专业化新资源，构建数字化联盟。由于天生无数字化基因，因此在

转型升级时，晨光生物通过与国内高校、研究机构、同行业企业共建联合研究机构、框架合作、委托研发、联合研发、设立研究基金等合作模式，积极构建、共同开发、综合利用数字化资源；在合作联盟基础上，搭建了数字化研发平台、数字化生产平台和数据追踪分析平台，并成为业内首家省级工程技术研究中心，形成了研发、检验、成果转化为一体的数字技术创新系统；同时，定期召开植物提取行业大会，共享先进的植物数字化提取技术和创新要素等，建立与利益相关者的战略合作关系，从而推动行业数字化发展。二是整合多元化新资源，拓展业务领域。对于植物提取行业的龙头企业，由于受到单品市场规模较小的制约，因此寻求多品种发展就成为必然选择。企业根据自身积累的原料、技术、规模或客户资源优势，积极开发新品种或新业务。据此，晨光生物在印度、赞比亚及我国新疆等建立原材料基地，除传统采购方式外，还创建了两种模式：与供应商共同种植原材料的"农户＋政府＋企业"模式，为企业植物提取提供高质、充足原料的按含量收购模式。同时，晨光生物突破传统的思维定式，打破植物提取物仅仅作为中间体产品的路径依赖，通过进军 B2C 领域来延伸产业链、提高产品附加值，目前已涵盖保健品、美妆护肤品和医药等行业。

（2）重组已有资源，提高数字化资源通用性，赋予新价值

企业资源具有刚性和惯性，企业可以通过改变资源投入方式来挖掘新价值[197]。一是重组数字化资源和传统资源。由于作为晨光生物现有核心资源的植物提取技术具有延展性，因此基于先进提取技术来开发数字化资源，不仅可以提高企业数字化转型效率，还可以最大化利用已有资源，降低企业数字化转型成本。随着数字经济时代的到来，晨光生物布局了数字化平台和生产端数据等数字化资源，不仅缩短了从研发到生产的整个流程，还降低了研制成本。同时，由于提取技术因总结和提炼植物提取规律而具有通用性，因此将传统提取技术与数字化资源相结合，不仅可以放大提取技术优势，还可以最大化发挥数字化资源价值，推动生产效率的提高和企业范围的低成本高效扩大[147]。如晨光生物基于辣椒生产线构建数字化生产平台，不仅进一步扩大辣椒提取优势，还节省了大量数字化转型成本。二是重组传统与数字业务环节。提取技术贯穿植物从原材料到成品整个产业链，而研发与生产环节匹配对能否成功开发新产品至关重要。新产品开发经常面临可以研发却无法规模化生产、具备生产条件却研发不出来的两个难题，这是由一般企业中的研究、开发、生产三者之间的鲜明边界造成的，极易导致流程脱节[196]。晨光生物之所以持续技术创新，正是由于实施数字化战略以来，其内部建立了研发与生产边界融合机制——五步走模式；这种模式以传统实验、中试、产业化"三步走"为基础，创造性提出实验小试设置参数、小中试制定工艺、大中试验证参数工艺、批量生产根据市场反馈改良工艺、规模化生产五个环节。重组业务流程有效保障从实验室小试到规模化生产全流程数据的及时性、准确性，并通过提高数字化资源通用性、产品转化率，降低损失率和提高企业竞争优势。

综上，晨光生物作为植物提取行业龙头企业，利用数字化资源融合性，不仅集合产业链上游供应商、种植农户、下游品牌商，还与高校、研究机构和企业合作，构建了行业生态圈，获取了更多种类的新资源；同时，企业通过重组业务环节，提高了数字化资源通用性，放大了核心资源优势，降低了数字化转型成本。

2. 集聚性合作互动

在数字经济时代，数字技术的应用降低了企业内部、外部的协调成本，推动企业打破部门之间、主体之间的壁垒，从而从根本上改变了企业、利益相关者、用户的互动方式。同时，传统制造企业通过智能工厂、数字化车间、网络化智能互联设备等数字化资源，不仅提高了企业核心竞争优势，还实现了参与主体价值共创[35]。通过上文探讨，我们归纳了晨光生物转型升级路径：一是聚焦单一产品（辣椒红）核心业务，确定企业转型升级原点，不断提高生产效率和降低成本，企业基于此在原料基地投资建厂以及开发药用及营养提取物品类，从而打通产业链上下游；二是延伸到植物提取其他产品或产业，从而横向拓展其他植物提取产品；三是构建多层次数字化提取体系，"吃干榨尽"植物，构建行业生态圈，实现企业可持续发展[196]。

通过复盘"如何"从一家辣椒红提取企业转型为行业共享平台这个过程，发现晨光生物通过数字化资源的专用性、通用性特征，来强化企业竞争优势；向产业链上游和农户、供应商等主体共创，延伸产业链下游与品牌商共创；数字化资源促进研发与生产交互，与研究机构、高校、企业等主体合作共创；通过数字化资源通用性，打通产业链上下游以及产品范围，构建行业生态圈，实现可持续发展。

（1）利用生产端数字化资源，多元主体提高产品研制效率

数字化资源包括数字化基础设施与数据资源[5]。晨光生物的数字化基础设施，即数字化研发平台、数字化生产平台和数据追踪分析平台，对研发和生产过程中产生的原始数据进行追踪、转化和分析，帮助提高数据的专用性和通用性，实现从单一产品到多产品，并进一步反哺企业（见图4-2）。首先是通过对单一产品（如辣椒红色素）数据的采集与分析过程，不断提高数据资源的专用性，实现单一产品的高效研发与生产；其次是整合大量同一品类内不同产品（如辣椒红色素、叶黄素等）专用性数据资源，归纳其规律及特征，并转化多产品专用性数据资源为单一品类（天然色素品类）的通用性数据资源，实现单一品类内多产品开发；最后是利用单一产品（如辣椒红色素）的专用性数据资源与该产品品类（天

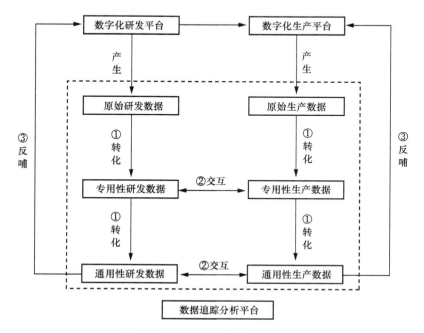

图4-2 晨光生物数字化资源运行机制

然色素品类）的通用性数据资源，提高多品类间（如从红辣椒中萃取的辣椒红属于天然色素品类，进一步萃取的辣椒油树脂属于香辛料提取物和精油品类）数据资源通用性，实现多品类。具体表现在以下三个方面：

（a）利用数字化资源专用性，提高产品开发效率

数据资源具有的可溯源性、可寻址性特征[119]，使得企业可以通过数字化平台追溯最佳数据结果的起源及流程。

研发方面，单一产品在数字化研发平台上的研发过程，会产生大量的原始研发数据。晨光生物比较分析单一产品原始数据，追溯及提炼最佳数据，从而提升单一产品研发数据的专用性。如研发部副总经理所说：

"在辣椒红色素萃取研发过程中，会产生诸如萃取温度、萃取压强、溶剂比例、成分 pH 值等（原始）数据。我们的数字化研发平台会追踪和存储每一次研发试验过程中产生的（原始）数据，对这些数据进行深入比较分析，能够选取并形成最有效萃取辣椒红的温度、压强和溶剂比例等（专用）数据。"

生产方面，单一产品在数字化生产平台上的生产过程，会产生大量的原始生产数据，这些生产数据的数据过程能够提升生产数据的专用性。如负责天然色素的生产经理说："每一次产品生产过程中，我们的数字化生产平台都会记录原材料输入，生产过程，以及产品输出的相关数据，对这些（原始）数据进行分析，能够让我们掌握如何选择原材料，控制生产过程，增强输出产品的可得率等（专业）数据。"

研发和生产数据的专用性的提高，促进了单一产品的提取效率。标准化科学的提取标准也提高了可得率（精度与纯度），降低了增加单一产品数量的成本，推动晨光生物实现单项产品冠军。如天然色素事业部产品经理所说："我们掌握了高质量的辣椒红数据，这也是为什么辣椒红连续 11 年保持全球第一的原因。同时，我们的平台会对每一次试验和每一次生产过程中的数据进行存储和分析，分析的结果能够为我们提供大量与该产品相关的有价值的信息（专用性数据），这些信息大大降低了我们研发和规模化生产一个产品的难度，我们可以不断以更少的原材料投入、更低的成本，以及更高的可得率进行研发和生产。"

（b）提高数字化资源通用性，提高开发同一品类新产品可能性

数字化资源具有的可关联性特征 [133]，使得企业可以整合多个关联的单一产品专业化数据的特征及规律，从而归纳为单一产品品类通用性数据。

研发方面，数字化研发平台能够分类存储和分析不同产品的专用性研发数据，晨光生物进一步将积累的大量同品类内多个产品的专用性研发数据分析转化为该产品品类内的通用性研发数据。如某资深研发人员所说："数字化研发平台会对有效提取辣椒红、叶黄素浸膏和姜黄的（专用化）数据进行整合分析，进而形成天然色素类产业提取过程中的通用数据资源。运用这些数据资源，在研发平台上，几乎可以实现从任何植物中提取天然色素。"

生产方面，数字化生产平台通过整合同品类内不同产品的生产专用性数据，进而挖掘出该品类内通用性的生产数据资源。如负责油脂和蛋白品类的产品经理描述："我们每年都会生产大量的棉籽油和叶黄素，从而积累了如何有效生产这两类产品的专业化知识和工艺（专用性数据资源），我们的平台会基于此进行分析，从而提炼出油脂和蛋白类产品规模化生产的最有效模式和工艺（通用性数据资源），对这些工艺进行简单的改进，能够运用到像葡萄籽油、核桃油、红花籽油和亚麻籽油等其他油脂和蛋白类产品的生产过程中。"

如上所述，增强单一品类内研发和生产数据的通用性，有利于提高企业开发同品类中新产品的可能性，实现同品类内多产品的开发。

（c）提高数字化资源通用性，提高开发多品类新产品可能性

数字化资源具有的可拓展性特征 [116]，使得企业可以将分析的单一产品及品类数据拓展为相关产品品类数据。

研发方面，晨光生物利用数字化研发平台，进一步将整合的单一产品专用性研发数据和该产品品类通用性研发数据转化为与该产品相关的其他类别产品通用数据。如某资深研发人员所说："每种植物都有多个成分可供提取，而提取某种成分的过程对提取其他成分有借鉴意义，比如辣椒，提取辣椒红色素的数据和天然色素类产品的数据，帮助我们提取辣椒油树脂，并推动了香辛料提取物和精油类产品的提取（跨越不同产业）。"

生产方面，数字化生产平台存储和分析单一产品和该品类的生产数据，进

而拓展单一产品相关联品类的通用性生产数据资源。如某研发专员所说："数字生产平台会对各产品进行记录、存储和分析，经过归纳比较会帮我们生产同一植物的不同类别的产品，像叶黄素浸膏的数据（专用性数据）结合天然色素的数据（通用性数据），帮助我们生产叶黄素，并为形成油脂和蛋白类别数据（通用性数据）做基础。"

使用通用性数据资源，不断提高了增加晨光产品品类的可能性。如行政管理经理所描述："2012 年以前，我们研发试验的数据和生产过程的数据，基本靠手动记录，对于同一产品研发和生产过程中产生的不同实验数据和生产数据的分析，也是依靠专业技术人员，而不同产品的研发和生产的数据和知识，由于记录范式的不同，分析模式的不同，很难进行进一步的比对和分析。我们从 2011 年开始搭建数字化研发和生产平台，帮助我们实现同一品类产品（专用）研发和生产数据的梳理和分析，进而形成这一品类的通用数据资源。比如，平台对辣椒油树脂和花椒油树脂的研发和生产（专用性）数据进行分析，能够形成香辛料提取物和精油的提取通用工艺（通用性数据资源），应用在胡椒油树脂、姜提取物和孜然提取物等各类产品上。而单一产品的专用性数据结合该品类的通用性数据又帮助我们形成其他品类产品通用数据资源，如提取姜黄素的数据与天然色素的数据，帮助我们拓展生姜提取物，并形成香辛料提取物类别的通用数据。"

综上所述，多元主体利用数字化资源，提高了单一产品数据资源专用性和产品品类数据资源通用性，其中，专用性数据资源降低了产品多元化成本，通用性数据资源增加了产品多元化可能性；据此，既推动企业夺取单项产品冠军，也推动企业连续跨越品种和品类，更为企业摘得多项冠军奠定了基础。

（2）利用生产端数字化资源，多元主体实现产学研一体化

晨光生物数字化平台实现专用性研发数据和专用性生产数据的交互，打破企业内部部门的界限，满足实验室研发单一产品规模化生产的需要。同时，数字化平台实现通用性研发数据和通用性生产数据的交互，打破多元主体之间的界限，满足产品品类实验室研发成果的规模化生产的需要。具体表现在以下两个方面。

（a）专用性研发数据与专用性生产数据的交互，打破部门界限，提高新产品研制成功率

数字化资源具有可交流性和可感知性[34]，新兴数字技术通过克服空间的限制来打破各部门之间的界限，扩展了数字化的过程和范围。

晨光生物在研发和生产实践中，细化实验室的经济模式为实验室的小试、小中试、大中试、批量生产、大规模生产"五步走"模式，其中：产品研发部门主导实验室的小试、小中试和大中试，生产部门参与；产品生产部门主导实验室的批量生产和大规模生产，研发部门参与。"五步走"模式确保新产品研发和生产的成功率，如保健食品事业部产品经理所说："很多实验室研究的成果最终很难投入市场，主要原因是在研发过程中没有考虑到规模化生产的要求。晨光的'五步走'模式从根本上解决了这个问题。从研发部门负责的实验室小试开始，生产部门就开始介入，并提出该产品规模化生产的要求。而在生产部门的批量生产和大规模生产过程中，研发部门也会辅助，一旦在批量和大规模生产中出现问题，研发部门会分析问题，并回到实验室进行进一步研发。"

研发与生产"五步走"模式打破了传统研发和生产之间的界限，并对专用性研发数据和生产数据之间的交互提出了要求。数据追踪分析平台整合"五步走"模式中产生的专用性研发数据和生产数据，实现两类数据的交互。如设备自动化部门总经理所说："我们的设备会对生产过程中产生的（专业化生产）数据进行分析，并与研发过程中的工艺和流程（专业化研发数据）进行比对，一旦出现不匹配，这些信息就会迅速反馈到研发和生产相关人员手中。"

数字化资源通过打破传统组织部门边界，使得生产部门和研发部门共同创造价值，推动专用性研发数据和专用性生产数据交互，既满足新产品研发成果规模化生产需要，又降低产品多元化难度。图4-3所示为运用"五步走"模式产生的辣椒红专用性研发数据和专用性生产数据的交互过程。晨光生物通过以上交互过程，日处理干辣椒270吨，是原世界第一印度Synthite公司的6倍，并且辣椒红年产量从最初的3～4吨增长到现在的5500多吨，大大降低了生产成本。

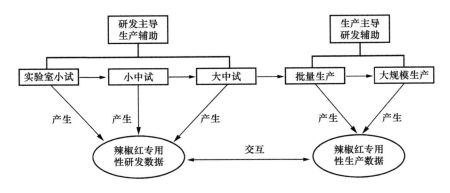

图4-3 专用性研发数据和专用性生产数据的交互：以辣椒红为例

（b）通用性研发数据和通用性生产数据的交互，打破多元主体界限，提高新产品研制效率

数字化资源具有可复制性和可重新组合性的特征[124]。数字化有效使用技术共享和数字组件，提高了创新过程的效率、参与者的联动性、资源的有效性；同时，由于开放的数字开发平台提供了标准化接口和渠道，因此帮助企业获取了创新资源[124]。晨光生物克服单独企业的资源有限的弊端，通过研发、生产两个方面来进一步提高产品多元化开发效率。一是在研发方面。与国内高校的委托项目、共建科研平台、成立研究基金等战略合作，围绕植物资源综合利用、新产品应用开发、产业链延伸、差异性产品研究等方面，形成通用性植物提取研发数据。二是在生产方面。与专业化公司建立战略联盟，利用各方优势来互补合作，以提高生产效率。例如：厦门百度生产茶树油、桉叶油等产品所属的福建森美达生物科技有限公司拥有"福建省木本植物精油企业工程建设中心"，晨光生物植物提取技术雄厚，其中脱酚棉籽蛋白的全国市场占有率最大，因此二者优势互补投建"混合型饲料添加剂项目"，实现了资源利用最大化。据此，晨光生物与高校、研究机构致力于植物提取研发，与同行业企业致力于植物提取生产，在晨光生物数据追踪分析平台上交互通用性研发数据和通用性生产数据，既构建通用性研发基础，又打破多元主体之间的界限，从而提高生产效率和新产品研制效率，实现多赢、共赢的效果。

建立在大量专用性研发数据和专用性生产数据不断交互的基础上，数据追踪和分析平台能够实现通用性研发数据和通用性生产数据的交互。营养及药用提取物事业部经理认为："通过对营养及药用品类各个产品，像叶黄素晶体、番茄红素、葡萄籽提取物、姜黄素，研发和生产过程中遇到的问题不断解决，信息不断提炼，我们渐渐掌握了营养及药用提取物这个品类实验室研发如何规模化生产的需要。而这个过程中，我们和河北工程大学合作利用研发平台产生研发数据，还和本地一家企业合作在生产平台产生生产数据，得到了大量的有价值的（交互）数据信息。"

产品品类通用性研发数据和通用性生产数据的交互，降低了晨光产品品类拓展的难度。营养及药用提取物事业部经理接着认为："我们将'五步走'复制到这里，形成了共享的模式，负责研发的企业和负责生产的企业不断讨论和合作，并结合数据平台提供的数据分析和分享。我们已经掌握了营养及药用提取物绝大部分产品实验室研发如何规模化生产的模式，正在进行的咖啡豆研发和生产、菊粉研发和生产，以及甜菊糖研发和生产，都借鉴和采纳了这些通用的模式。"

图 4-4 所示为天然色素品类通用性研发数据和通用性生产数据的交互。多元主体的交互过程，使得晨光生物掌握了天然色素品类产品实验室研发规模化生产的基础模式，提高了新产品研制效率，并帮助晨光生物不断扩展其天然色素品类产品的种类和数量，在植物提取领域成为多个世界第一。

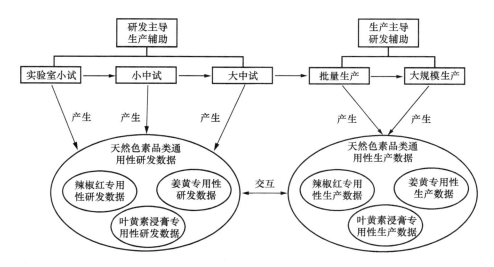

图4-4 通用性研发数据和通用性生产数据的交互：以天然色素为例

3. 利用生产端数字化资源，多元主体资源综合利用，实现可持续发展

晨光生物与多元主体通过数字化基础设施形成的研发和生产数据资源，反哺数字化研发平台和数字化生产平台，帮助企业向产业链上游和产业链下游延伸，突破转型升级的资源瓶颈，实现企业可持续发展。

（1）数据资源推动企业向产业链上游延伸，与供应商合作，提高产品竞争力

研发和生产数据帮助晨光生物加深理解产业链上游原材料，实现在研发和生产过程中非标准化生产投入到标准化产出的低成本。生产部门总经理认为："我们生产过程中最大的困难就是，原材料品质参差不齐：不同的产地、不同的季节差异明显。然而，我们的产出要求通常是标准化的。要做到这一点，主要依靠我们在这个行业长期积累的和原材料相关的（通用）数据信息。"

同时，对于产业链上游原材料的理解，帮助晨光生物找到适宜的原料产地，并与供应商或农户合作，实现向产业链上游的边界跨越。如晨光生物在印度、赞比亚及我国新疆开设工厂并形成"公司＋基地＋农户"的经营模式，在全球范围内种植辣椒、万寿菊、甜叶菊等植物原料。

晨光生物利用数据通用性，归纳产品提取规律，规划种植方向，向适宜地区的农户、合作社推广与育种公司、科研院所开发的优良品种，组织农户根据数据通用性提炼的规律来科学种植，创新按含量收购模式来提高原料质量，从而提高了产品竞争力。如生产事业部资深生产专员描述："我们长期积累的原材料相关（通用）数据让我们知道在什么地域、什么季节产生的原材料能提取效果最好的产品，我们就选择在那些地域建工厂或者与当地农户合作，帮助农民增产增收，实现共赢。"

晨光生物通过分析原材料数据，控制了产业链上游，降低了原材料成本，更有效地管理和控制了原材料生产和产品生产研发过程。如某资深研发专员所说："我们会在印度对辣椒先做初步提取，然后将经过初步处理的辣椒再运到国内进行深度加工，这比直接购买国外的原材料便宜很多。同时，我们自己生产和预处理的辣椒原材料，我们能够确保品质。"

（2）数据资源推动企业向产业链下游延伸，与品牌商合作，提高产品附加价值

研发和生产数据为晨光生物向产业链下游跨界提供了原材料基础条件。针对同一原材料资源，研发和生产数据资源让晨光生物能够提取其中的不同成分，并进一步研发和生产具有市场价值的成分，实现同一研发和生产过程的多个产品的低成本产出。如某研发专员向我们描述："在用一个原材料提取某成分的同时，会依据之前积累的（通用性）研发数据将该原材料中的其他成分也提取出来，可能根据 pH 值，根据不同的极性，或者不同的可溶性，这样在提取主要成分的同时，顺带提取一些其他成分，往往这些'其他成分'都是有巨大价值的，而我们不需要专门地提取它们，这大大地降低了提取不同成分的成本（几乎零成本实现产品附加值）。"

而大量不同低成本的天然色素、香辛料提取物和精油、油脂和蛋白产品，是产业链下游半成品营养提取物、药用提取物、成品保健食品的原材料。晨光生物充分发挥原料把控和生产管理的技术优势，采用代加工、产品合作等与品牌商合作的形式，向产业链下游延伸（见图 4-5）。如研发部副总裁描述："比如我们提取的叶黄素浸膏（天然色素），是叶黄素晶体（药用及营养提取物）的原材料，而叶黄素晶体又是叶黄素胶囊（保健食品）的原材料，自己研发和生产原材料，从而能够控制原材料的质量和成本，然后，我们再与知名的品牌商合作，或者参股品牌商，进入 B2C 市场，未来公司将在终端产品销售上积极探索新的合作模式。"

（3）数据资源推动企业可持续发展

研发数据帮助晨光生物唤醒在研发和生产过程中的创新[35]，发现在研发过程中没有预先计划的新的产品，实现研发成本降低。如某资深研发人员描述："在一个产品的研发过程中，依据我们的数据信息，会从原材料分解出不同的成分。这个时候，会突然发现，原来这个材料里面有这样的成分，然后去查文献，看这个成分有什么价值。"

如在甜菊糖苷的生产废水中，晨光生物和研究机构发现了具有开发价值的黄酮和绿原酸，品牌商负责下脚料综合利用、市场销售、市场开拓；这两种产品开发出来后，甜菊糖便成为了副产品。同时，生产数据资源帮助晨光生物在生产设备上，实现拖延捆绑和再生性的特征[34]。新的生产能力能够添加到已有的数字化生产设备上，从而帮助晨光生物降低对生产设备的投入成本。如负责天然色素生产的副总经理描述："利用通用的天然色素生产（通用）数据，在辣椒红色素生产的数字化设备上，加入相关软件和硬件，实现对叶黄素提取和生产。"

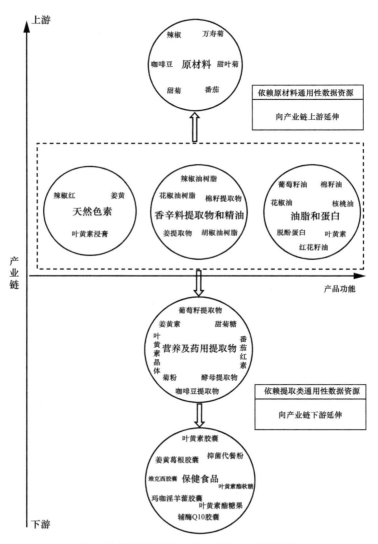

图 4-5 数据资源推动企业向产业链上下游延伸

研发过程中的创新唤醒提高了晨光生物持续转型升级的可能性，而生产过程中的拖延捆绑实现了晨光生物持续转型升级。

此外，随着晨光生物在植物提取行业地位的提高，卢庆国意识到晨光生物要主动承担起推动行业资源整合、结构优化和助推植物提取行业转型升级的责任。卢庆国提出探索建设行业生态圈的构想，通过共享数字化平台，针对不同产品、不同行业特征，采用不同模式，展开与国内外同行、上下游企业的战略合作，推动行业资源整合。在优势领域，晨光生物牵头组建省级辣椒产业技术联盟，成立辣椒加工企业、科研机构参加的天然提取物产业化联合体，吸纳合作社、农场及上下游企业近百个，推动了农民增收致富，带动了农业产业发展。

综上，针对生产端数字化资源的专用性和融合性的特征，无数字化基因企业通过整合新资源产生新价值、重构资源赋予新价值[52]的链式价值共创路径来形成重构性资源组合，通过提高研制效率、建设产学研一体化来综合利用资源、进行集聚性合作互动，从而开发出具有竞争力的产品[156]，推动行业生态圈构建。据此，最终整个平台既能专业化又能多元化地研制产品，规模经济和范围经济兼得（见图4-6）。

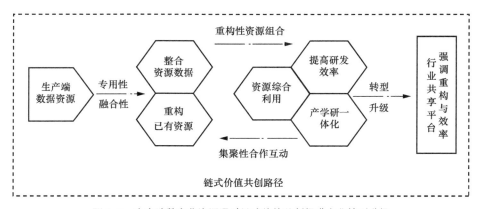

图4-6 生产端数字化资源通过链式价值共创促进企业转型升级

4.2.3 生产端数字化资源促进企业转型升级后的结果刻画

晨光生物利用生产端数字化资源，通过链式价值共创路径，从辣椒红小作坊转型升级为大健康行业共享平台，成为多项世界隐形冠军。本书将从参与者角色、链接关系、企业边界三个方面，刻画晨光生物转型升级后的结果。

（1）在参与者角色方面

传统制造企业利用数字化资源，通过价值共创来促进转型升级，重构了原有平台成员的角色，平台由被动的接受者转变为主动的参与者，核心企业的角色则由主宰型转为主导型[158]。实施转型升级之前，晨光生物在平台中承担资源主宰的角色，企业研发和制造内部产品均由企业制定并分发给各个内部部门来执行，如研发部门和生产部门单独研制不同产品；上游供应商根据晨光生物所需原材料进行供给，下游品牌商根据晨光生物研制的半成品进行加工销售。据此，企业内部各部门以及企业外部各利益相关者都是被动参与价值创造，多元主体之间较高的壁垒也会造成信息不对称、资源浪费等现象。

实施转型升级后，晨光生物承担主导者的角色。一是通过建立平台、构建产学研联盟等形式，打破同行业领域的主体间的壁垒；通过赋能企业技术优势，形成不同资源的业务组合，进而实现价值共创，向产品多元化延伸[161]。二是企业在国内外原料基地建立子公司并形成"公司＋基地＋农户"的经营模式，在全球范围内种植辣椒、万寿菊、甜叶菊等原材料，使数字化赋能上游；同时，通过与品牌商合作，增加产品附加价值，从而打通产业链上下游；企业因此由资源独占者转向资源主导者，共享已有资源给内外部利益相关者，实现多元主体价值共创、利益共享。据此，企业通过数字化资源对已有资源的重新组合[198]或赋予新功能[168]，来重构和激活生态系统中的参与者角色。

（2）在链接关系方面

企业利用生产端数字化资源进行转型升级，强化了平台中产品间、主体间的链接关系。一是转型升级之前。在产品方面，晨光生物各个产品之间的链接关系较为薄弱，根据不同植物提取特征，采取不同的提取技术和设备，产品之间关系较为模糊，也很难在已有产品基础上进行二次开发；主体方面，晨光生物与其他企业是"制造"或"购买"关系，主体之间通过指令派发、订单要求等方式进行合作，多为一次性合作，主体之间的关系较为松散。二是企业转型升级之后。通过数字化平台和生产端数据，促使晨光生物与合作企业各主体间以及产品与产品间链接关系提升。由于"技术立业"的晨光生物的核心竞争优势为数字化基础设施和数据，合作企业只有与晨光生物建立紧密稳定的合作契约关系，才能共享技术平台和资源；因此晨光生物与各主体之间建立联盟、合作关系，从单向订单指派演化为双向或多向价值共创，利用晨光数字化资源赋能企业专业化分工，从而极大地提高生产效率。此外，晨光生物利用数字化平台和生产端数据挖掘产品之间的关系，利用数字化资源专用性和通用性寻找植物同品类和不同品类之间的规律，从而拓展产品，实现多元化；同时，在已有产品基础上对资源"吃干榨尽"、综合利用，实现同一技术体系和设备下的多产品的提取，极大地提高了生产效率和降低了生产成本。企业重组旧技术和新资源，通过数字化资源放大资源组合价值，来重构和强化平台中的链接关系[196]。

（3）在企业边界方面

企业通过生产端数字化资源实现转型升级，使企业边界范围因扩大而呈现线型。在转型升级之前，由于晨光生物是一家濒临破败、资源十分匮乏、聚焦辣椒红色素提取的小作坊，因此企业的边界有限。在企业转型升级后，首先通过数字化资源专用性，聚焦单一产品（辣椒红），找到和稳定企业边界，并分别以在原料基地投资建厂、开发药用及营养提取物品类的方式向产业链上游、下游延伸，从而扩大企业纵向边界；其次通过数字化资源融合性延伸到其他产品或产业，与研究机构、高校、同行业企业价值共创，并拓展其他植物提取产品，从而扩大企业横向边界；最后利用数字化资源交互，发展多层次连续提取技术，实现资源综合利用，并构建行业生态圈，从而扩大企业生态边界。据此，企业以核心产品为原点，利用数字化资源专用性和融合性，打通产业链上下游，研发多元产品，实现企业线型边界的拓展。

4.3 生产端数字化资源促进企业转型升级的过程模型

本书按照"特征—路径—结果"的逻辑，将晨光生物转型升级的过程分为资源识别、路径实施、结果刻画三个部分。相关信息见表4-2。

表 4-2 晨光生物转型升级相关信息

企业类型	数字化资源		价值共创			企业转型升级演化图
	内涵	特征	主体	内容		
				资源组合	合作互动	
辣椒红提取商			企业		提高研制效率	核心产品
植物提取物制造商	企业生产过程中的数字化资源，包括生产端数字化平台和生产端数据	专业性、融合性	企业＋合作伙伴	发挥数字化资源融合性，吸收新资源、重组资源结构、提高数字化资源通用性	科研成果产业化	向上游延伸 多品类拓展
大健康行业共享平台			企业＋合作伙伴＋第三方企业		资源综合利用	行业平台

首先，本章识别生产端数字化资源内涵并刻画其特征，也是本研究的逻辑起点。晨光生物作为传统制造型企业，以技术为核心优势，积累了大量的生产端数据、先进的生产线及在实施数字化战略后构建的数字化平台。晨光生物数字化资源是指企业生产过程中的数字化资源，由数字化平台（数字化研发平台、数字化生产平台和数据追踪分析平台）和生产端数据（研发数据、生产数据）构成，此类资源具有专用性和融合性的特征。具体来说：一是在共享性方面，数字化资源集中于细分行业，具有专用性。晨光生物的数字化资源集中于植物提取行业，即数据是植物提取的研发数据和生产数据，数字化平台也是以植物提取生产线为基础，仅用于植物提取数据的产生、转化、分析和应用，而无法共享其他制造业领域。二是在连接性方面，数字化资源关联程度高，具有融合性。

数据具有的可关联性特征[133]，使得企业可以将整合的多个关联的单一产品数据的特征及规律归纳为单一产品品类和多产品品类数据，通过组合不同数据来拓展产品品类。同时，晨光数字化平台有密切的流程交互关系，通过进一步打破不同产品之间、不同部门之间的壁垒，强化了数字平台的融合性。另外，技术资源是晨光生物的核心竞争力，多元主体只有与晨光生物达成稳定的合作契约关系，晨光生物才会开发共享平台和赋能技术资源，主体之间也因此关系紧密、互动频繁。

其次，本章发现企业利用生产端数字化资源，通过链式价值共创路径来实现转型升级。晨光生物作为无数字化基因企业，针对生产端数字化资源的专用性和融合性的特征，具体做好了两个方面。首先，进行重构性资源组合。一是利用数字化资源融合性，整合新资源，产生新价值；通过整合专业化资源和多元化资源，进一步为提高提取技术和拓展产品种类奠定基础。二是重新组合已有资源，挖掘新价值，提高数字化资源通用性，这样不但可以放大提取技术优势，而且可以最大化发挥数字化资源价值，实现企业范围低成本高效扩大，提高生产效率。其次，通过数字化资源与多元主体集聚性合作互动。一是利用数字化基础设施提高数字化资源专用性、数字化资源通用性、产品研制效率、企业竞争力。二是数字化基础设施实现研发数据和生产数据交互、企业内外部合作、产学研一体化。三是数据资源反哺数字化基础设施，强化资源综合利用，实现可持续发展。重构性资源组合与集聚性合作互动，发挥数字化资源最大化作用，实现资源组合最大化价值，最终增强整体平台价值来源。

最后，本章从参与者角色、链接关系、企业边界三方面，对基于生产端数字化资源的企业转型升级后的结果进行刻画。首先，这类企业转型升级可以强化企业角色，使核心企业由资源主宰者进阶为资源主导者；并重构多元主体之间的关系，使其由单向单次合作演化为多向持续共创。其次，这类企业转型升级可以增强链接关系，企业通过数字化资源提高产品之间的关联性和拓展性；并通过共享数字化平台与数据资源将合作伙伴纳入行业生态圈，形成紧密的利益共同体，从而使多元主体、多元产品之间的链接更加紧密、互动更加频繁。最后，企业利用数字化资源与多元主体价值共创，通过纵向边界跨越、横向边界跨越，实现规模经济和范围经济兼得，呈现线型边界形态，最终实现平台可持续发展。

综上所述，本章构建了生产端数字化资源促进企业转型升级的过程模型，如图 4-7 所示。

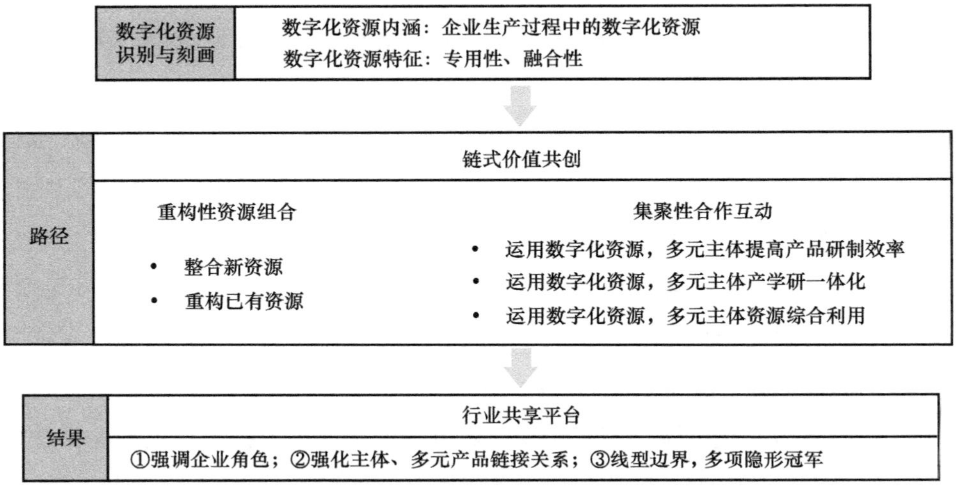

数字化资源识别与刻画	数字化资源内涵：企业生产过程中的数字化资源
	数字化资源特征：专用性、融合性

路径	链式价值共创	
	重构性资源组合	**集聚性合作互动**
	• 整合新资源	• 运用数字化资源，多元主体提高产品研制效率
	• 重构已有资源	• 运用数字化资源，多元主体产学研一体化
		• 运用数字化资源，多元主体资源综合利用

结果	行业共享平台
	①强调企业角色；②强化主体、多元产品链接关系；③线型边界，多项隐形冠军

图 4-7　生产端数字化资源促进企业转型升级的过程模型

数字化资源促进半数字化基因 企业转型升级

5.1 案例描述

1984 年，海尔成立之初是一家电冰箱制造商；2005 年，由"以企业为中心"转变为"以用户为中心"，创新性提出"人单合一"管理模式；2012 年，由生产产品转型生产"创客"，并实施"小微"发展模式（海尔推行的以用户为中心的小型、自主经营的创新业务发展模式）。海尔发展 35 年来，从一家濒临破产的家电制造厂，成长为全球领先的物联网生态品牌。目前，海尔蝉联世界家电第一品牌 12 年，2021 年位居中国智能制造 50 强榜首，旗下工业互联网平台卡奥斯 COSMOPlat 连续两年在工信部双跨工业互联网平台中排名第一。同时，海尔在全球设立设计研发中心和生产制造中心百余家，海尔平台上有创业小微 200 多个和节点小微 3800 多个，其中年营收过亿元的小微 100 个，估值过亿元的小微 16 个。海尔发展历程的关键事件见图 5-1。

5.1.1 聚焦核心产品，成立传统制造企业

海尔前身是位于山东省青岛市的青岛二轻局家电公司下属的青岛电冰箱总厂，1984 年 3 月正式成立；如厂长张瑞敏所说：海尔在成立初期，便负债 147

万元，人力、技术、资本等资源匮乏，面临严峻的生存问题。

聚焦家电核心产品				构建平台整合资源				开放平台赋能资源					
1984 12月	1985 1月	1991 12月	2001 6月	2005 9月	2007 7月	2009 12月	2011 10月	2012 12月	2013 6月	2015 11月	2017 6月	2019 12月	2021 4月
其前身青岛电冰箱总厂资源匮乏，张瑞敏担任厂长	制定"名牌战略"，砸冰箱事件	成立海尔集团，进入多元化发展的战略阶段	在欧美地区完成研发、制造、销售"三位一体"的本土化经营	首次提出"人单合一"	海尔集团数字化家电实验室获批	海尔在白色家电品牌中排名第一	海尔收购日本三洋电机多项业务	制造业转型，开始探索互联网工厂	行业首个黑灯工厂在海尔诞生	展示以用户为中心的COSM-OPlat	主导制定的全球首个以用户为中心的智能制造标准发布	进入生态品牌战略阶段	智能制造50强榜单中位居第一

图5-1 海尔发展历程的关键事件

第一阶段，为立足市场，海尔实施"名牌战略"，企业战略定位在提高产品质量、生产名牌产品。在海尔成立初期，中国家电市场仍处于供不应求的卖方市场时期，冰箱为家庭三大件（冰箱、电视、洗衣机）之一。在此背景下，很多家电企业因致力于扩大产品生产规模而忽略了提高产品质量，海尔也面临了同样的问题。海尔厂长张瑞敏发现不合格的库存冰箱产品76台，面对员工们低价处理冰箱的建议，当即决定全部砸毁。（当时工人工资40元/月，冰箱价格800元/台。）张瑞敏说："如果便宜处理给你们，就等于告诉大家可以生产这种带缺陷的冰箱。今天是76台，明天就可能是760台、7600台……因此，必须解决这个问题。"

该阶段，海尔用七年时间专注冰箱核心产品：1988年成为中国家电第一名，并获得中国电冰箱史上第一枚国优金牌；1990年跨入国有企业一级行列，冰箱产量突破30万台，销售额突破5亿元。

第二阶段，1991年12月成立琴岛海尔集团，标志着海尔由单一产品生产型制造商转型为多元化产品生产经营型企业。1992年在青岛征地800亩作为企业生产制造基地，从冰箱向空调、洗衣机、冰柜等家电产品拓展，正式开启"多元化"战略。同年，海尔实施信息化赋能工业生产的发展战略，成立信息技术（Information Technology，IT）部门，建立入库管理和订单采购等IT系统，并开发柔性制造系统，海尔智能制造开始萌芽。1993年7月，琴岛海尔集团正式更名为海尔集团，为了提高市场份额，先后兼并了广东顺德洗衣机厂、莱阳电熨斗厂等家电企业18个。该阶段，海尔通过多元化战略，从单一电冰箱拓展到多个家电产品（其中：海尔电冰箱市场占有率 35.3%，海尔冰柜市场占有率 41.3%），进一步拓展了业务版图，巩固了家电行业领先地位。

第三阶段，随着中国正式加入世界贸易组织，为了占领国际市场，海尔开启"国际化战略"。2000 年 2 月，海尔在美国投资建厂，电冰箱一年产量 50 万台，销售额超过 2.5 亿美元，位居美国电冰箱市场第六，被美国媒体称作成长最快的海外公司。为了提高品牌影响力，海尔创新性提出本土研发、本土制造、本土销售"三位一体"本土化战略，如针对印度市场开发不弯腰冰箱，针对美国市场开发能装下一整只火鸡的冰箱等。2005 年，海尔在欧美日三大海外市场投资建厂，出口国家和地区 100 多个。该阶段，海尔在海外建设生产制造基地 30 个，研发设计中心 8 个，销售网点 5.88 万个。

5.1.2 构建平台整合资源，成为服务提供商

用户需求随着互联网时代的到来而日益个性化，这使得传统制造企业需要从销售产品向提供服务转变，海尔也由此从产品制造商向服务提供商转型升级。2005 年，海尔以张瑞敏于 2000 年提出的"不触网，就死亡"概念为基础，创新性提出"人单合一"的运营模式，其中，"人"指企业员工，"单"指订单和用户，"人单合一"指将员工和用户链接一起，企业听员工的，员工听用户的；通过整合全球创新要素，从而创造可持续性竞争优势。如张瑞敏所说："如果只靠自己研发，肯定不行。要让世界成为我们的研发部，需要把各地各种资源都连接过来。"

为了抓住互联网信息化机遇，海尔运用互联网技术建设计算机集成制造系统（Computer Integrated Manufacturing System，CIMS），通过整合全球资源提高企业核心竞争力，正式开启海尔数字化发展之路，如和日本家电公司合作研发视频编码和解码技术。同时，海尔根据设计、研发、生产、销售的价值链流程环节，搭建共性数字化平台，从而提高不同环节的信息流通效率，实现资源最优化配置。该阶段，海尔在全球设立了研发设计中心 21 个和技术中心 48 个，并成立了海尔中央研究院，实现信息网络全球化。

2009 年，为了适应动态变化的外部环境，海尔由传统的"正三角"科层结构转型为以自主经营体为核心的"倒三角"网络结构。自主经营体是"人单合一"

模式下的创新主体，根据与用户距离分为三层：一级经营体直接面向用户，处于结构顶层，负责创造和满足用户需求，包括研发部门、生产部门、市场营销部门等；二级经营体处于结构中层，负责为一线经营体提供服务保障，包括人力、法务、财务等；三级经营体处于结构底层，负责制定企业战略和目标，由企业领导层组成（见图 5-2）[199]。同时，海尔构建开放式创新平台，利用企业内外部平台，从而整合协调内外部资源。

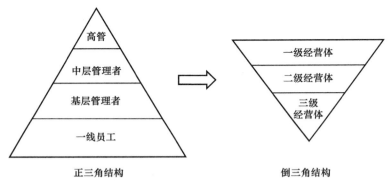

图 5-2　海尔组织结构演化图

2012 年，海尔强调利用互联网技术转型升级，构建与其他企业的价值网络，开启平台化阶段，由生产产品向制造创客转型。如海尔建立海达源平台，连接国内外资源。由此，企业员工成为创客，创客组成小微，小微构成生态链小微群，从而满足用户场景化需求。2013 年，海尔将价值链环节分为独立的小微，小微之间共创共享；同时，建立与外部利益主体的多边互动关系，构建链群组织模式，为模块化工业互联网平台奠定基础。自主运营小微模式使用户需求同步反馈到设计、研发、制造和营销各小微，小微迅速集合响应，从而及时满足用户需求。同时，海尔以用户为中心，构建"U-home"平台，通过数字技术为用户提供场景化服务解决方案，实现向服务型企业转型。

5.1.3　开放平台赋能资源，成为智能制造平台

随着大数据、云计算、物联网等数字技术的发展，2012 年 12 月，海尔开启"网络化战略"阶段，从传统制造家电的厂商转型为面向市场孵化创客的平台。

在此阶段，海尔演化倒三角组织结构为动态网络化组织，并产生平台主、小微和创客三类角色：平台主负责运营业务平台，从而吸引资源，为小微企业服务；小微负责创造用户价值，并在各自细分领域保持领先的竞争优势；创客作为小微企业的成员，参与企业价值创造。在网络化组织结构下，海尔开始探索建立数字化互联工厂路径：通过将研发、制造、销售等环节整合在同一平台，推动用户参与全流程环节；通过并联全流程方式进行协作，从而构建按需设计、按需生产、按需配送的互联工厂体系。

2015 年，海尔构建工业互联网平台卡奥斯 COSMOPlat，颠覆了"以厂商为中心"单向传递价值的传统服务模式，创新性构建"以用户为中心"的多元主体价值共创模式，创造用户终身价值，成为全球首个引入用户参与的工业互联网平台。卡奥斯 COSMOPlat 架构为"1（主平台）+7（模块）+N（行业）"，通过对架构中的用户交互、研发设计、协同采购、智能制造、智能物流、精准营销、智能服务七大模块进行组合，满足不同用户需求和不同应用场景。卡奥斯 COSMOPlat 实现全流程透明化，通过企业内外部数据流和创新资源来兼得高精度和高效率，为用户快速提供定制化方案。具体而言，卡奥斯 COSMOPlat 从三个方面孵化创客：一是提供标准化模块，赋能创客的研发设计、生产制造、市场营销等环节；二是下沉各个地区，如在上海、广东等省市建立设计研发中心和智能工厂；三是赋能行业，形成"多产业子平台 + 多场景使用者"平台结构，并根据行业特征和需求，开发定制化平台孵化、车、家电等行业小微，并在细分行业实现引领。如卡奥斯 COSMOPlat 总经理所说，例如，"空气魔方"的创业团队，这个由原来一个研发人员牵头、现有五个人组成的创业小微，在研发过程中借助海尔创新创业平台，做得还不错，马上就能融资了……海尔利用卡奥斯 COSMOPlat 的用户交互平台，迅速发现用户痛点并切入，并通过在平台上 15 个团队之间资源的合理配置，成功进入了 15 个行业，与更多的企业达成了合作。

此外，为进一步支撑卡奥斯 COSMOPlat，海尔构建海尔开放创新（Haier Open Partnership Ecosystem，HOPE）平台、海达源平台、海创汇平台等多个数字化平台，通过整合不同类型资源来扩大企业合作边界，并实现价值网络内多元主体的共享共赢。

随着物联网时代的到来，张瑞敏认为"产品会被场景替代，行业会被生态替代"。据此，海尔开始探索场景生态建设路径，为用户提供一整套场景化解决方案，从而提高用户体验。海尔通过标准化接口或开放接口协议，实现不同家电和服务在接入平台后的互联互通，并为用户实现定制化研发到安装的全流程可视化提供服务。如衣联网以衣物为中心，进行洗涤、护理、穿搭、购买全周期管理；水联网以水为中心，提供饮水、洗浴等场景化服务。据此，海尔基于卡奥斯COSMOPlat 构建了 "4+7+N" 定制化场景方案，覆盖洗护、用水、空气、美食、健康、安全、娱乐七大生活场景。

目前，卡奥斯 COSMOPlat 已孵化出小微企业 2000 多个，赋能衣联网、家居、车载等行业 15 个，助推新创企业转型升级。2020 年 6 月，海尔跻身 BrandZ 最具价值全球品牌 100 强之列，并斩获全球首个 "物联网生态品牌" 奖。

5.2　案例分析

本研究按照"特征—路径—结果"逻辑，分析海尔这类半数字化基因企业通过数字化资源来转型升级的过程，具体分析如下。

5.2.1　生产端和用户端数字化资源内涵与特征

随着信息技术和人工智能的发展，制造业向以数字化、网络化和智能化为表征的智能制造转型升级，数字技术与制造业结合成为中国制造业转型升级的核心 [200]。海尔卡奥斯 COSMOPlat 以用户为中心，将数字共性技术、标准化数字化模块与制造业行业特征结合，从而实现大规模定制化生产 [201]。海尔依靠前期积累的家电制造资源，将已有资源模块化平台化，通过数字化平台和数据，重塑工业制造体系。

1. 生产端和用户端数字化资源构成

由于海尔在早期家电制造企业阶段积累了研发生产数据和用户交易数据，同时生产制造工厂也奠定了设备和工艺等资源基础，因此海尔作为典型的半数字化基因企业，在转型时拥有部分数字化资源，并在此基础上进行数字化转型升级。企业数字化资源被定义为企业实现数字技术能力的数字化基础设施（含数字化硬件及软件平台），以及大量的数据资源[5]。卡奥斯COSMOPlat数字化资源包含数字化平台和数据，其中，数字化平台由智能制造平台（负责生产制造）、开放式创新平台（负责技术创新）、用户交互平台（负责产品定制）[199]三部分构成。三大数字化平台中又包含小平台，如用户交互平台中有交互定制平台、虚实营销平台和智联服务平台。大平台和小平台互融互通，共同打造共创共赢的平台[202]（见图5-3）。

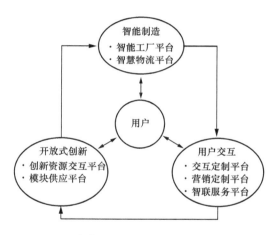

图5-3　卡奥斯COSMOPlat数字化平台构成

（1）智能制造平台实现大规模定制化生产，由智能工厂平台和智慧物流平台构成

智能制造平台是大规模定制化生产的中枢平台，利用数字技术实现柔性化、敏捷化生产[199]。海尔基于智能制造平台成立第一家互联工厂——海尔沈阳冰箱工厂，并在此基础上创新迭代，复制到其他领域或地区，构建了八大互联工厂柔性化制造体系。互联工厂不同于以提高生产效率为目的的传统自动化生产，它通过数字化平台连接产业链上下游企业互动协作，从而为新创企业提供工业智能化解决方案。同时，海尔创造了"市场感知—研发设计—生产制造—市场反馈"的闭环价值创造方式，并通过模块化定制、众创定制和数据共享，进一步演变成并联协同的价值网络，从而提高生产制造效率和精度[200]。据此，智能制造平台是"以用户为中心"，利用数字化平台整合设计、研发、生产和营销等环节[203]，实现大规模定制化生产，奠定了海尔平台化转型基础[200]。

（2）用户交互平台推动用户参与企业价值共创，由交互定制平台、营销定制平台和智联服务平台构成

用户可以通过交互定制平台、营销定制平台与海尔价值共创，来生产个性化定制化产品，包含三种方式。一是众创化定制。通过用户投票等众创方式筛选潜在产品，海尔统一生产达到最小规模点的产品，交互定制平台以收集用户对产品的偏好来指引新产品开发。二是模块化定制。企业将不同产品零部件解构为若干标准化模块，用户根据自身需求来组合定制化模块，进一步提高了产品定制化程度。三是个性化定制。企业为用户提供完全个性化和定制化服务，如在衣服上打印用户的照片。此外，企业通过智联服务平台连接各个产品和服务，为用户提供全套家庭服务解决方案，从而打造个性化智慧生活场景[204]。

（3）开放式创新平台整合多元主体创新资源，由创新资源交互平台和功能模块供应平台构成

开放式创新平台打破了用户与资源之间的边界，通过平台集合用户、企业和资源，既直达用户需求至资源提供商（科研机构等），又帮助资源提供商及时满足用户需求[199]。海尔的技术情报部门是开放式创新平台的前身，它大量积累创新资源和技术方案，并通过资源连接机制来整合创新主体，实现用户和资源方的直接交互[202]。开放创新平台通过论坛、微博等方式收集用户的需求和创意，基于大数据和标签自动匹配，连接设计师、工程师、研究员，推动多元主体互动，从而设计出满足用户个性化需求的产品[201]。同时，开放创新平台搭建起"创新合伙人社区"，全球创新者、资源方根据自己专业、擅长领域来形成一个个社群，由对接组织变为对接社群中的人[199]，从而打破原有组织界限。据此，海尔通过开放式创新平台拓展了内部的研发网络，通过整合内外部资源进一步提高了创新效率。

（4）家电领域的生产端数据和用户端数据

海尔经过在家电领域几十年的发展，积累了大量生产端和用户端数据。生产端数据，指生产环节数据，如最优化的生产参数及适合的销售措施；用户端数据，指企业与用户通过交易和交流产生的数据，反映用户群体特征、用户偏好，帮助企业探索用户对潜在产品功能（是什么）、产品外观（什么样）的需求。数据资源重塑海尔业务模式与组织结构：一是企业内部数据资源的流动，会降低企业内部协调成本，而使企业边界扩大，容易形成跨界颠覆创新，推动组织的平台化和生态化更为有效；二是外部市场的数据资源流动，会降低企业外部协调成本，而使企业边界收缩，形成外包、众包、开放式创新等各种合作模式，使组织的小型化和专业化也变得更为高效[205]。海尔的生产端数据和用户端数据，既推动平台化共享资源，又促进开放式创新专业化生产，为大规模定制奠定了必要的数据基础。

综上，海尔拥有生产端和用户端数字化资源，指企业生产过程中和用户交流交易中的数字化资源，包括智能制造平台、用户交互平台和开放式创新平台三个数字化基础设施，以及生产端数据和用户端数据，形成以用户为中心，分享海尔模式和资源，推动各小微企业智能制造的转型升级。

2. 生产端和用户端数字化资源特征

海尔卡奥斯COSMOPlat以用户为中心，创造用户价值，实现企业和参与者的共创共赢[199]，其数字化资源包括数字化平台和数据资源。下面从共享性和连接性两个方面分析海尔数字化资源特征。

（1）共享性方面

数字化平台基于技术共性特征构建，具有通用性。海尔构建通用性数字化平台，采用柔性化设计模块，解构生产流程环节（如设计、研发、生产、物流等）；不同类型的企业根据自身需求选取组合不同模块，进行精益柔性化生产，不仅解决规模化和个性化的矛盾，还扩大数字化平台业务范围[201]。据此，用户通过自身需求组合模块化通用性资源，实现高效率生产定制化产品，数字化平台具有高共享性。

数据资源具有共享性特征，具有通用性。企业通过提供从用户需求、产品设计、制造、物流、服务的通用数据闭环，可以为制造业领域各类企业提供定制化服务。同时，通过数字化平台，在感知层产生和收集数据，在软件层分析和挖掘数据，在应用层赋能各个领域；通过打破物理层和虚拟层的界限[203]，进一步提高数据通用性。据此，生产端和用户端数字化资源具有通用性，可以复制应用于各类生产制造领域。

（2）连接性方面

数字化平台具有模块化特征，具有分布性。由于数字化平台作为开放式平台，模块之间相对独立并具有自生长性[54]，因此早期海尔在设计阶段，既没有全面设计整体架构，也没有明确模块之间如何组合，而是通过分析用户需求来不断创新组合数字化模块，从而提高产品和服务效率。基于网络化数字平台，多元主体也由紧密的价值链型关系转变为多边分散的网络关系；同时，海尔通过众包或者开发接口协议的方式，将组织内部创新向创新网络创新推动，创新网络也越来越分散和具有异质性[34]。

不同模块、不同主体之间的数据交互频率较低，数据具有弱关联性。海尔遵循"按单聚散"原则，"单"是指用户需求或用户价值，以满足用户需求或价值为目的构建小微团队。组织不是固定的，人员也不是固定的，而是根据需求不断变化的，以满足定制化生产的要求，组织由原来的紧耦合变为松耦合[201]。同时，由于海尔数据集中于制造业领域，没有覆盖用户各个生活场景，并且场景之间连通性有限，由此生产端和用户端数字化资源具有分布性特征（见表 5-1）。

表 5-1　生产端和用户端数字化资源识别与特征刻画

数字化资源类型	市场特征	逻辑起点	数字化资源构成	数字化资源特征
生产端和用户端数字化资源	市场竞争激烈	技术＋市场	生产端和用户端数字化平台、生产端和用户端数据	通用性、分布性

5.2.2　生产端和用户端数字化资源促进企业转型升级路径

数字经济时代，数字技术的发展和多元主体的共同演化不断打破主体之间的边界，数字化资源的集成能力推动企业转型升级。同时，数字化资源整合能力使企业通过数字化平台和标准化数据对多元主体进行连接，从而实现价值共创[176]。在传统视角下，由于合作企业一般是产业链上下游的企业并且处于核心位置，因此需要通过整合合作企业的知识资源来创造自身价值[148]。在数字经济下，多边平台不同于传统单边合作，它通过协调整合多元主体进行价值共创，从而实现平台系统的价值最大化[146]；尤其是平台模块化和数据标准化，能够减少协调合作成本、提高生产效率、实现共创共赢[148]。据此，本部分将从资源组合和合作互动两个方面，来分析数字化资源如何促进企业转型升级。

1. 开放性资源组合

企业利用生产端和用户端数字化资源转型升级，基于通用性和分布性特征，不仅需要以资源模块化来共享自身优势资源，还需要以打通生产全流程来提高体系性，从而形成新的资源组合。具体实施包括模块化资源、整合流程环节两个方面。

（1）发挥数字化资源通用性，模块化资源，扩大业务范围

为了扩大企业影响范围，海尔卡奥斯 COSMOPlat 将生产流程关键环节模块化，通过资源编排和资源重构，为小微企业和用户提供定制化解决方案。具体而言：一是海尔通过卡奥斯 COSMOPlat 提供智能制造共性技术，并将各类产品解构为不同模块，为中小企业提供模块化生产方案[199]。海尔卡奥斯 COSMOPlat 不断创新更迭技术，引领相关企业向产业链下游延伸并进行大规模定制，从而实现以卡奥斯 COSMOPlat 为核心的智能制造体系价值链升级[201]。如同海尔智家生态平台副总裁所说："我们从 2008 年开始推进产品模块化，为用户参与设计制造提供了基础。具备模块化的工业布局，也为我们的自动化、标准化提供了基础……通过模块化，包括设计、采购、制造等流程都可以大大缩短。这种流程下的制造效率可以得到大幅度提升，也能满足大规模定制的要求，帮助我们快速跨界不同行业领域。"二是海尔卡奥斯 COSMOPlat 建立全球采购平台，以标准化接口连接供应商和零件商[199]，为中小企业提供创新资源。海尔卡奥斯 COSMOPlat 通过数字化平台收集、处理供应商信息，运用数字技术分析、评估供应商，帮助企业制定合理的采购计划，并使供应商由被动接受者转为主动创造者来设计海尔的模块[204]。在此基础上，海尔通过全球采购平台为小微企业提供采购服务，提高小微企业采购体系效率，实现以海尔为中心的生态供销体系数字化转型升级[201]。

（2）整合流程环节，提高数字化资源融合性，激发网络效应

网络效应是指用户对产品价值的判断，分为正网络效应和负网络效应。正网络效应是指网络平台连接的人越多，对于参与者而言，网络的价值就越大；负网络效应则反之。由于正网络效应可以促进平台发展，因此卡奥斯 COSMOPlat 能否持续发展，就取决于参与平台的用户规模[204]。海尔卡奥斯 COSMOPlat 从两个方面激发网络效应：一是运用构建智能互联产品体系，为用户提供全场景化的解决方案，提高用户黏性和忠诚度。海尔生产制造家电产品，利用技术创新不断提高流程透明度、产品品质、产品销量，并通过产品智能互联来提供场景化方案，增大用户流量[202]。二是通过与家电制造商、智能互联技术公司等行业跨界合作，构建完整的智能制造体系，赋能中小企业转型升级。海尔作为核心企业，依托卡奥斯 COSMOPlat 建立海尔生态联盟，负责生态治理和生态资源分配[199]。值得一提的是，不同于传统企业的零和博弈，海尔遵循共赢的利益分配原则，将"共赢增值表"作为包括共赢收益和增值收入在内的治理生态圈重要机制，通过全方位评估共创共赢模式来赋能小微企业转型升级。海尔构建科学合理的共创共享机制，通过激励合作企业参与来扩大平台影响范围，从而提高用户规模、资源规模和网络效应。

综上所述，海尔作为家电制造企业，通过组合开放性资源、利用数字化资源通用性、开发模块化资源来扩大企业影响范围和业务领域；同时，通过整合生产流程来提高数字化资源融合性和构建智能制造体系，从而激发网络效应。

2．赋能性合作互动

制造业企业利用数字化资源，重构设计、研发、生产、销售和服务创新要素及流程环节，从而实现转型升级；尤其是价值共创、数据共享及平台赋能，成为传统产业数字化转型的重要方向[177]。从厂商逻辑到用户逻辑的价值创造，数字化资源不仅提高企业研发制造效率，还连接企业和市场及多元主体，从而实现大规模定制化生产。具体而言：基于智能制造的柔性化生产，既满足用户个性化的需求，又满足利用数字化平台和数据来挖掘用户的需求；基于智能互联产品形成数据闭环，为用户提供生活场景化解决方案[199]。据此，海尔利用生产端和用户端数字化资源，通过多元主体价值共创来实现生产流程智能化、产品智能互联化、服务全周期智能化。

（1）利用生产端和用户端数字化资源，赋能多元主体生产流程智能化

海尔卡奥斯 COSMOPlat 通过智能制造平台，赋能生产要素和生产流程。在传统视角下，用户是价值接受者，不参与价值创造；在海尔卡奥斯 COSMOPlat 中，用户通过数字平台来参与企业生产流程，由传统的价值接受者成为"价值共创者"[204]。如海尔数字化平台为用户提供模块化定制服务，使得用户可以参与和创造定制化产品；立足海尔数字化平台的可视化和连接化，进一步推动用户参与生产整个流程。

首先，海尔卡奥斯 COSMOPlat 通过将生产活动模块化，解构生产流程和资源要素，使得用户参与价值共创，实现大规模定制化生产[202]。用户通过数字化平台，全程参与生产流程中；组合模块化生产环节和产品部件，提高了研发生产效率；兼顾规模化生产和个性化，推动企业生产过程升级[199]。平台经理认为："我们将原来制造冰箱需要的 200 多个零件，变成了现在的 23 个标准化模块，贯穿生产制造全流程。目前模块还在继续升级。未来，我们将向成套化和智能化发展，这样还可以实现提速，提高整个制造效率，更大程度地满足用户个性化需求。"

其次，海尔卡奥斯 COSMOPlat 由"为库存生产"转为"为用户创造"，并通过整合小微企业异质性需求，为小微企业由"消费者"转变为"产消者"[206]提供定制化解决方案。海尔卡奥斯 COSMOPlat 为小微企业开发定制化的功能模块，并为异质性模块提供标准化接口；通过组合不同模块，建立网络协同制造模式，并构建共性定制化生产流程，实现通用化和定制化兼得。海尔卡奥斯 COSMOPlat 利用数字化平台，整合用户数据、产品数据、生产数据等；同时，通过数字化生产过程向设计、研发等价值链上游延伸，并通过生产流程和智能制造的互联互通向销售、服务等价值链下游延伸，从而使多元主体参与平台进行价值共创[200]。如同海尔智能家居产品经理所说："目前的用户需求越来越个性化和高端化，传统线性的大规模制造模式，已经很难为他们带来优质的用户体验。大规模定制模式，不仅能够实现优质的用户体验，还可以持续迭代。"

最后，海尔卡奥斯 COSMOPlat 打破多元主体的界限，构建智能生产体系[207]。

海尔卡奥斯 COSMOPlat 通过数字化平台打破供应商、企业和用户等主体之间的界限，形成智能制造三种模式：针对固定的模块，采用高效的自动化生产线，从而提高生产效率和降低成本；针对可变化的模块，采用柔性的智能化生产线，员工根据用户需求组合不同模块，从而及时满足定制化需求；针对定制化的模块，采用定制单元生产线，员工根据订单进行组装和定制化生产，从而提高生产效率和缓解库存压力 [204]。

综上，海尔卡奥斯 COSMOPlat 利用数字化资源，将生产环节和产品部件模块化；并通过网络协同制造模式，组合各模块，集合多元主体资源，推动生产流程智能化，从而实现大规模定制化生产。

（2）利用生产端和用户端数字化资源，赋能多元主体产品智能互联化

在物联网时代，商业基本要素——产品发生变化，万物互联成为了物联网时代根本特征。一是海尔利用卡奥斯 COSMOPlat 升级传统"电器"为"网器"，实现产品智能连接。企业利用数字化资源整合智能互联产品，颠覆传统家电制造商单一提供产品或服务的模式 [203]。海尔通过在产品中嵌入射频识别（Radio Frequency Identification，RFID）模块，实现产品与用户连接、产品与产品连接 [199]；并使不同产品、不同场景之间互联互通，从而为用户提供全方位、全流程智慧生活解决方案 [202]。如海尔开发衣联网，在洗涤阶段，海尔智能洗衣机会通过识别衣服材质、颜色和面料，来智能匹配洗护方案；在护理阶段，海尔智能熨斗会根据衣服材质，来匹配温度、湿度和压力等参数；在存储阶段，海尔智能衣柜会根据衣服颜色、品牌，来匹配除湿、烘干等服务；在穿搭阶段，海尔智能穿衣镜会根据衣服颜色、款式，既为用户提供搭配服务，又为用户提供购买衣物网站，从而形成衣物场景完整闭环。二是海尔利用卡奥斯 COSMOPlat 分析与挖掘数据价值，实现数据价值再创造。数字化资源不仅可以产生和收集用户数据，及时反馈用户使用习惯和使用信息，从而提高企业敏捷性，还可以通过云计算和智能计算等数字技术，及时分析、挖掘用户数据和产品全生命周期数据，实现产品创新、迭代、升级，从而提高产品竞争优势和用户忠诚度 [202]。同时，海尔卡奥斯 COSMOPlat 通过数字化平台将用户纳入价值共创过程，从而加强用户、平台和产品的持续性连接 [199]。如同平台研发人员所说："COSMOPlat 和电商平台是不一样的。用户是全流程参与体验，从用户交互、设计、采购、制造到服务，最后产品在用户家中，还可以通过网器来持续不断地交互和迭代。COSMOPlat 创造的是价值和增值，并且这个价值可以持续迭代。"

综上，海尔 COSMOPlat 利用数字化资源使产品、平台和参与者互联互通，并通过全流程来分析多元主体数据，从而实现产品智能互联化。

（3）利用生产端和用户端数字化资源，赋能多元主体服务全周期智能化

海尔卡奥斯 COSMOPlat 连接用户端和企业端，通过提供双边智能化服务，实现转型升级。具体来说：一是针对企业端，海尔卡奥斯 COSMOPlat 提供智能制造解决方案。海尔基于早期在家电制造领域积累的生产经验和资源能力，向小微企业提供工厂设计、生产线设计、智能生产等智能制造体系的解决方案和分析算法、智能控制等数字化技术，还向小微企业开放成熟的互联工厂、创客工厂、生产基地等，全方位体系化赋能小微企业[200]；同时，通过多元主体价值共创，推动海尔转型升级为智能制造服务平台。二是针对用户端，海尔卡奥斯 COSMOPlat 打通上下游产业链构建产品体系。海尔通过向用户提供生活场景化解决方案，来拓展高端智能家电市场和智慧生活体系服务，从而实现市场升级[199]。在传统视角下，企业与用户是一次性的订单交易关系，而海尔卡奥斯 COSMOPlat 将用户看作持续性终身用户，为用户创造全场景、全生命周期的解决方案和用户体验。海尔卡奥斯 COSMOPlat 通过构建 U+ 智慧生活平台，覆盖洗衣、安全、健康、美食等各个用户家居生活场景，海尔也由此从提供智能产品转型升级为提供智慧生活服务[202]。如衣联网负责人所说："智慧家庭领域历经单品智能的 1.0 阶段，到网器实现互联互通的 2.0 阶段，再到人工智能（Artificial Intelligence，AI）驱动的智慧生活 3.0 阶段。海尔已经由 3.0 升级到 X.0 全屋智慧生态时代，U+ 智慧生活 X.0 平台通过'IoT+AI'双引擎，在技术和产业创新上赋能智慧家庭，实现定制交互、定制场景和定制服务，打造海尔全屋成套智慧家庭解决方案。"

海尔卡奥斯 COSMOPlat 基于内部竞争优势，利用数字化资源向企业用户提供全方位智能生产方案服务，向终端用户提供生活解决方案，从而实现全流程、全生命周期的服务升级。同时，海尔通过数字化平台标准化模块和接口，整合内外部资源，推动多元主体价值共创和利益共享，使海尔由家电制造商转型升级为面向市场孵化创客的工业互联网平台[203]。

综上，针对生产端和用户端数字化资源的通用性、分布性特征，半数字化基因企业通过网络式价值共创路径促进转型升级，即通过发挥数字化资源通用性特征的作用，扩大模块化资源业务范围，整合流程环节，提高数字化资源融合性，激发网络效应，形成开放性资源组合；通过生成流程智能化、产品智能互联化和服务全周期智能化的赋能性合作互动[177]，构建技术共性平台。据此，整个平台能够通过资源分享来推动中小企业创新，利益相关者能够共创共赢，网络效应竞争优势得以形成（见图 5-4）。

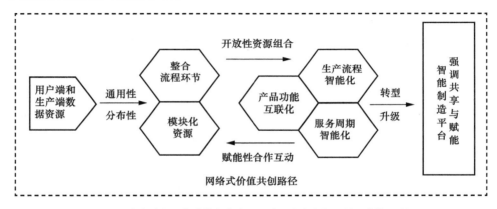

图5-4 生产端和用户端数字化资源通过网络式价值共创促进转型升级

5.2.3 生产端和用户端数字化资源促进企业转型升级后的结果刻画

海尔利用生产端和用户端数字化资源通过网络式价值共创，推动海尔从产品制造商、服务提供者转型升级为孵化创客的平台，由提供单一产品的家电生产商转变为以向用户提供解决方案为中心的智能制造平台。本章将从参与者角色、链接关系、企业边界三个方面刻画海尔转型升级后的结果。

（1）在参与者角色方面

传统制造业通过网络式价值共创，紧密连接了利益相关者关系；同时，利益相关者由被动接受者转为主动参与者，核心企业的角色则由资源主宰者转向资源赋能者。实施转型升级前，海尔在价值网络中承担资源主宰者角色，企业制定内部产品设计和生产任务并传达上下游厂商来执行，用户更多是通过经销商或者海尔店面将产品需求反馈给企业，外部设计师一般是接受海尔的订单和指令来设计相应方案等。

企业转型升级后，海尔在平台中承担资源赋能者角色，企业通过建立平台模块化已有优势资源并共享给内外部利益相关者，其中：内部员工主动沟通用户并大胆创新，企业为其提供资源支持；用户可以全程参与产品设计、研发、生产等环节，实现个性化定制[203]；外部设计师等可以免费使用海尔提供的平台资源来推动创意落地，并被纳入海尔设计数据库；供应商可以在海尔卡奥斯COSMOPlat上获得额外的订单；企业通过对已有资源的跨界组合[198]或模块化组合[207]，激活链接参与者角色。如平台负责人所说："我们把海尔的实践经验放在这个平台上，通过平台模式向全社会、全领域复制推广。"

（2）在链接关系方面

传统制造业利用数字化资源，通过网络式价值共创来实现转型升级，强化了主体之间及流程之间的链接关系，使多元主体参与全流程而且互动更加频繁。在转型升级之前，虽然企业与供应商之间关系紧密，但是仍局限于自上而下传达单向任务指令；企业与用户之间通过第三方传达和反馈的流程复杂、不够及时，用户参与企业价值创造程度有限，无法满足用户个性化需求；企业和其他利益相关者之间是零和博弈竞争关系，两者之间链接松散。

在转型升级之后，海尔以用户为中心，利用数字化资源将创新资源、生产流程、产品要素等紧密结合，由线性价值链转化为价值网络，实现各方利益的最大化[206]。首先，通过连接各类多元主体，使企业、用户、供应商等多元主体互联互动；通过了解用户需求和自身能力提高响应速度、企业敏捷性[199]。其次，通过连接生产环节全流程，使用户与企业全流程零距离互联互通；通过参与向透明化进阶，强化用户与设计师、供应商、工程师等连接的程度[204]。最后，通过连接各类产品，使产品升级为"网器"；通过用户使用产品不断与用户交互，并不断创新迭代产品，提高用户体验。据此，企业通过价值共创来提高资源利用效率[198]和强化平台链接关系；通过链接主体、链接流程来协同运作各个环节，实现共创共赢。

（3）在企业边界方面

传统制造业利用数字化资源，通过网络式价值共创来实现转型升级，呈现多边网络式边界。在转型升级之前，企业各主体之间边界清晰且互动频率较低，多元主体之间资源（如知识、信息等）流动都以各自利益最大化为原则且资源互动流程环节独立[199]。如，用户往往通过经销商或者企业零售店反馈产品信息，而最需要从用户中挖掘需求的设计部门却缺少与用户的直接互动，降低了企业研发生产敏捷性。

在转型升级之后，海尔利用数字化资源构建交互平台，通过与外部用户、设计师、供应商等主体的资源互补来共同创造价值[205]；同时，通过共享资源、模块化资源赋能到各个行业领域，推动中小企业转型升级，最终呈现网络式边界。

5.3 生产端和用户端数字化资源促进企业转型升级的过程模型

本书按照"特征—路径—结果"的逻辑，将海尔转型升级过程分为资源识别、实施过程、结果刻画三部分。相关信息见表5-2。

首先，本章识别生产端和用户端数字化资源内涵并刻画其特征，这也是本研究的逻辑起点。制造型企业拥有完整的生产线和高效率工厂，并经过几十年的发展，积累了大量的生产和消费相关数据。据此，海尔数字化资源由数字化平台（智能制造平台、开放式创新平台、用户交互平台）和生产端数据（制造最优参数）、用户端数据（用户特征偏好等）构成，并且此类生产端加用户端数字化资源具有通用性和分布性的特征。具体来说：在共享性方面，海尔通过共享自身优势资源，并且通过模块化将资源通用化、柔性化和数字化，赋能各个企业根据自身需求进行大规模定制，并降低供应商和设计方的生产成本，从而将资源复制应用于各个制造领域；在连接性方面，海尔通过数字化平台将创新要素模块化，组织由紧耦合向松耦合演化；同时，由于制造型企业平台属于工业互联网平台，主要针对制造业领域，尤其是海尔擅长的家电领域，因此连接范围有限。

表 5-2　海尔转型升级相关信息

企业类型	数字化资源		价值共创			企业转型升级演化图
	内涵	特征	主体	内容		
				资源组合	合作互动	
家电制造商			企业		提高产品性能	电冰箱
服务提供商	企业生产过程及用户交流交易的数字化资源，包括生产端和用户端数字化平台及生产端和用户端数据	适用性、分布性	企业＋用户＋合作伙伴	发挥数字化资源通用性，整合新资源，整合流程环节，提高数字化资源融合性	生产流程智能化、产品智能互联化	集合资源　模块化资源
智能制造平台			企业＋用户＋合作伙伴		服务全周期智能化	智能制造平台

　　其次，本章发现企业利用生产端和用户端数字化资源，通过网络式价值共创路径来实现转型升级。针对生产端和用户端数字化资源的通用性和分布性特征，主要进行两方面组合。先是进行开放性资源组合。海尔作为半数字化基因企业，一是发挥数字化资源通用性，模块化资源，扩大企业业务范围；二是整合流程环节，提高数字化资源融合性，激发网络效应。接着进行赋能性合作互动，利用数字化资源，通过生产流程智能化、产品智能互联化、服务全周期智能化，实现与多元主体的共创共享。开放性资源组合与赋能性互动合作，最大化发挥数字化资源价值，进一步扩大资源体系，最终激发了平台网络效应和提高了平台竞争优势。

最后，本章从参与者角色、链接关系、企业边界三方面，对基于生产端和用户端数字化资源的企业转型升级后的结果进行刻画。第一，这类企业转型升级着重强化参与者角色，核心企业由资源主宰者演化为资源赋能者；第二，着重增强链接关系，使多元主体、生产流程之间的链接关系更加紧密、互动更加频繁[200]，企业与用户之间由订单交易升级为价值交互，企业与各利益相关者之间关系从零和博弈转变为共创共赢；第三，通过复制模块化资源，企业边界向相关领域延伸与应用，并赋能中小企业转型升级，呈现多边网络式边界形态。

综上所述，本章构建了生产端和用户端数字化资源促进企业转型升级的过程模型，如图 5-5 所示。

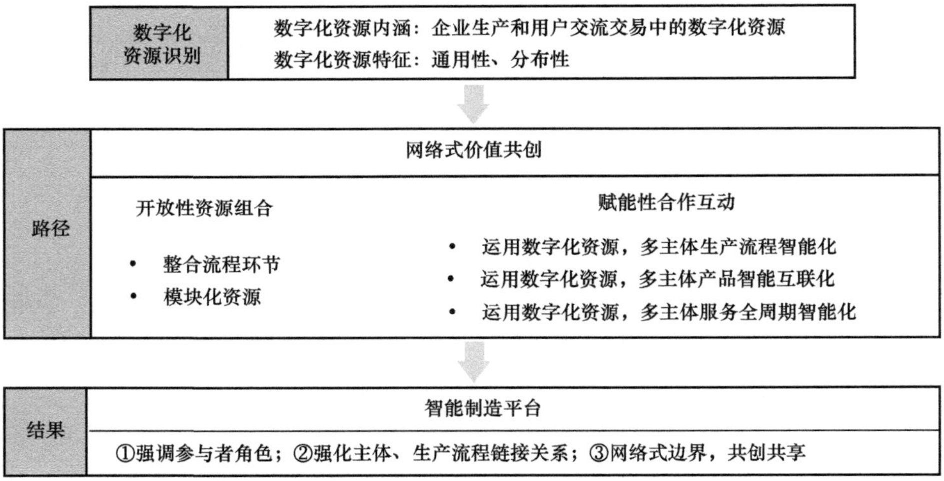

图5-5 生产端和用户端数字化资源促进企业转型升级的过程模型

第**6**章

数字化资源促进天生数字化
基因企业转型升级

6.1 案例描述

小米科技有限责任公司（以下简称"小米"）成立于 2010 年，位于北京市海淀区。小米手机是小米旗下核心产品，小米用户界面（Mi User Interface，MIUI）、米聊、小米电视和小米路由器为公司旗下四大自有产品。小米以"投资＋孵化"生态链企业方式培养了一批新创企业，其产品涉及智能、家具、杂货等领域 15 个，细分种类 2700 多。经过十余年发展，小米成为全球第二大智能手机制造商，拥有全球最大消费级 IoT 平台，连接智能设备超过 2.35 亿台。以手机为核心，小米向外圈层辐射孵化生态链企业超过 290 家，合作伙伴超过 400 家。2020 年小米收入 2459 亿元，其中 IoT 与生活消费产品收入 674 亿元，同比增长 41.7%。2019 年进入世界 500 强，排名第 468 位，2021 年 8 月跃升至 338 位，成为年轻的 500 强企业（见图 6-1）。

6.1.1 产品智能化，成为产品制造商

2007 年，苹果公司第一款 iPhone 手机的发布、安卓系统的开发及三星、HTC 等企业的迅速崛起，代表着功能手机向智能手机转型，传统互联网向移动互联网

转型。2010 年，中国手机市场呈现两种类型：一种是高价格、高性能，一种是低价格、低性能。随着全球 iPhone 4 的畅销，越来越多用户诉求"换键盘机为触屏机"；然而市场上触屏机的选择仍然十分有限，并且手机网民的数量急剧增加，进一步提高了智能手机市场的需求量。面对如此高涨的用户需求，需要有企业满足高价格、高性能与低价格、低性能之间的中低端消费需求。

聚焦手机核心产品					产品智能连接化			产品场景化			
2010	2011	2012	2013	2014	2015	2016	2017	2018	2019	2020	2021
4月 小米成立 8月 发布MIUI操作系统	8月 小米论坛上线 8月 发布小米手机1	1月 累计收入126.5亿元 8月 发布小米手机2	7月 发布红米手机 9月 发布小米手机3	1月 成立生态链部门 8月 投资绿米，开发智能模块	1月 开发Wi-Fi模块及家庭智能模块 7月 确定以手机为中心连接智能硬件	3月 发布米家品牌 6月 成为全球第二大可穿戴设备品牌	4月 发布小米有品线上商城 10月 与百度AI合作	3月 升级IoT部门为IoT平台部 11月 正式宣布AI+IoT成为核心战略	4月 发布物联网芯片，优化连接部件 12月 智能可穿戴设备销量全球第一	2月 发布5G手机小米10 4月 进军车联网	4月 正式宣布造车

图6-1 小米发展历程的关键事件

从程序员到上市公司的 CEO、再到 IT 界的天使投资人的雷军看到上述现象，重新燃起创办公司的热情。他曾谈起再次创业的原因："移动互联网讲究的是软硬一体化的体验，国内所有的终端厂商我都考察过，结果发现所有的终端都不够好。"

据此，雷军决定以手机为切入点，创建一家以安卓系统为底层、手机硬件为核心、软硬件一体的移动互联网公司。2010 年 4 月 6 日，雷军同来自谷歌、微软、摩托罗拉和金山的七位联合创始人正式成立小米；由于定位目标群体为手机"极客""发烧友"（对手机技术感兴趣并投入大量时间精力钻研的群体），并且创业团队技术积累和专业资源深厚，因此迅速开启小米创业之路。小米推出的第一款产品是开放式手机操作系统——MIUI。MIUI 是根据中国人的操作习惯优化安卓原生系统的改良版操作系统，具有电话、短信、通讯录和桌面四个功能。小米强调用户参与，采用互联网商业逻辑，通过建立 MIUI 论坛来链接用户参与手机操作系统优化过程，形成的互联网开发团队达到 10 万人；核心是小米工程师 100 人，中层是专业水准极强的荣誉内测组成员1000人，次外层是热衷于改进产品功能的开发版用户10万人。最外层的MIUI稳定版用户达到千万级。小米根据用户对MIUI的功能和BUG提出的建议，迭代升级了MIUI；据此，用户参与模式，不仅可以减少开发成本，还可以满足用户个性化需求，从而获得了品牌口碑和粉丝。

2011年8月，小米进军手机市场并发布第一款智能手机——小米手机1。这款手机虽然搭载MIUI，但是受限于联接部件的性能和传输速度，仅能体现基本语音通信功能。小米自行设计小米手机1手机外观，为了在正式发布之前提高用户体验、改良产品，设计人员不断引导用户通过MIUI论坛参与手机设计、研发、测试和销售全流程。在研发设计环节，据小米估计，用户从手机软件中发现的问题可达80%，这让小米手机能够在正式版本发布前得到及时调整，从而降低试错成本。在规模化生产环节，由富士康及英华达代工完成，这让生产效率通过专业化分工得到提高。最终，小米以近于硬件成本的价格经线上渠道销售手机，并兼顾用户对智能手机高性价比的诉求。小米手机的推出，为MIUI提供良好的载体和媒介，不断扩大并变现了MIUI前期积累的用户流量。随后，又推出了小米手机2和小米手机3，还基于手机开发了米聊和小米商城等应用程序（Application，App）。

移动互联网风口和小米手机高性价比，帮助小米强势崛起，收入由2011年5.5亿元上升为2014年743亿元，手机销量位居全国第一。同时，MIUI迅速拥有全球过亿用户，数以千万计的粉丝参与小米的技术创新迭代，小米手机作为核心的硬件入口，为企业生态链布局奠定基础。此阶段，小米智能产品及其生成的服务，为用户提供了满足单个需求的单个解决方案。据此，企业以MIUI、手机、米聊App和电商四大主营业务为基础，形成了小米在智能手机领域的独特能力，并确立了以互联网模式制造手机的企业身份。

6.1.2　产品智能连接化，成为数字平台商

2014年是小米发展的分界点。伴随智能手机的普及与应用，手机市场红利逐渐消失。同时，国内手机厂商采取占领市场策略：首先，谷歌、三星等高端品牌采用金字塔产品结构，开始降价销售，削弱了小米低价格优势；其次，华为逐渐

崛起并占领高端产品市场，小米缺失高端机型，错失高端用户市场；再次，华为和联想等国内知名品牌也采用粉丝模式，通过互联网平台与用户交互，提升企业口碑效应，进一步减弱小米的竞争优势；最后，OPPO 和 VIVO 迅速占领三四线城市，并通过布局线下渠道来瓜分市场份额，最终把小米拉下头把交椅。因此小米 2015 年，预计销售手机 8000 万台，而手机红利的减少和互联网销售模式瓶颈的出现致使计划落空，仅销售 7000 万台；2016 年，由于小米手机销量仅为 4150 万台，从第一落到第五，下滑 36%，因此外界普遍质疑小米难以再现曾经辉煌。

手机业务瓶颈逐渐显现后，雷军认为万物互联的物联网是大势所趋，小米需要丰富产品种类与内涵。

首先，开发新产品，丰富产品种类。2014 年 1 月，小米抽调核心员工成立生态链部门，通过"投资＋孵化"生态链公司模式，向智能硬件产品延伸；并专注 90% 消费者的刚需，剔除多余功能，降低生产成本，打造超高性价比产品。这使得小米不仅保持对手机等核心业务的专注，也基于已有资源优势，复制高效率小米模式到其他产品领域。小米通过手机核心产品，对外赋能自身资源，不断拓展手机周边产品（耳机、移动电源等）、智能硬件产品和生活耗材产品，打造"竹林生态"。小米构建生态链来孵化中小企业：一是提供供应商、资金、销售渠道等资源；二是设置标准化流程，进行资源分配，并将生态链产品纳入"米家"品牌，提高其与小米的链接度和品牌的识别度。

其次，开发智能互联模组，丰富产品内涵。小米认为市场趋势是万物互联，"连接和智能"成为小米发展硬件的逻辑。一是研发连接模块，实现产品连接。2014 年 3 月，成立 IoT 部门，专注研发联网部件，解决智能硬件连接问题。如果说成立小米生态链部门是因战略规划，那么成立 IoT 部门则充满偶然性与戏剧性。从腾讯公司被挖到小米的高自光团队，开发了一个嵌入一套通信协议的 Wi-Fi 模组，只要把这个模组放到一个硬件产品中，这个硬件产品就能被手机控制。这套通信协议采用用户数据报协议（User Datagram Protocol，UDP），无须建立连接，就可以向云端发送封装的互联网协议（Internet Protocol，IP）数据包，实现和云端连接。由于雷军看到这个模组时，就意识到也许他正在思考的"未来所有设备应该都是互联互通的、上网的……"问题有了新的答案，因此小米明确了物联网战略的方向——不是做硬件本身,而是做一个平台;通过开放这个平台的入口,就可以把标准应用于现有的硬件厂商。但是当小米 IoT 部门尝试与国内大家电厂商合作时,很多大企业希望开发自有模块。IoT 部门不得已转向内部,从小米投资的"智米"开始,为它嵌入 IoT 模组。生态链部门也要求小米投资的硬件设备能联网的一定要联网,如为生态链部门"孵化"的"华米"等嵌入 IoT 模组后,就实现了销售业绩的飞跃。华米手环仅面世三个月,就出货 100 万只。至此,小米投资的硬件产品实现了相互连接。同年 11 月又上线小米生态云,实现不同产品间的数据交互和数据共享:其他企业可以通过生态云将自有云接入小米 IoT 平台并纳入"米家"App,实现统一控制。二是研发智能模块,产生和收集数据,优化产品功能。2014 年,小米投资绿米,开发智能家居模块套装,包含网关和传感器。产品嵌入该模块套装,就可以感知识别用户状态和环境信息,不仅实现产品自身智能化,还能联通其他智能设备。

最后,制定 IoT 战略,产品互联互动。2015 年,小米制定"以手机为中心连接所有智能设备"的 IoT 战略,并对外发布了标准化智能互联模组,赋能产品实现感知识别性和智能连接性,从而产生和传输数据;小米从手机周边产品开始实施战略,实现单品连接。如华米手环嵌入 IoT 模组,与小米手机配合使用,用以监测用户行为并形成相关运动方案。基于手机周边产品,小米进一步向智能硬件延伸,实现物物联动。如加湿器和空调配合,通过联动调节温度和湿度,为用户提供适宜的家居环境。

2017 年,小米全球出货量达到 9240 万台,同比增长 74.5%。2017 年,小米生态链销售额突破 200 亿元,较 2016 年增长 100%,并接连斩获 iF 金奖、Good Design Best 100、红点设计三大设计大奖。经过三年的发展,IoT 业务成为小米的四大业务之一,小米 IoT 平台已接入智能硬件 8500 万台,拥有 5 个设备以上的用户超过 300 万人,成为全球最大的智能硬件平台。仅用七年时间,小米营收跨过千亿元门槛,成为"销量下滑之后能够成功逆转"的唯一互联网品牌。此阶段形成的智能互联产品系统,不仅打造智能互联产品,还通过单品连接和物物联动的方式,整合单独、离散的产品为定制化、集成化的系统性解决方案,从而满足用户更广泛的潜在需求。产品的网络效应进一步提升了小米在 IoT 领域的运营效率、资源主导和独特竞争力，并推动了小米由智能手机制造商向 IoT 平台的企业身份转型。

6.1.3　产品联动化，成为场景方案提供商

2016 年，AlphaGo 的出现标志着 AI 浪潮的到来。2018 年是各大互联网领军企业深入布局 AIoT 业务元年。AIoT 即 "AI+IoT"，是人工智能和物联网应用的融合。从 IoT 到 AIoT 的变革重点包括三个层面：一是交互方式由传统的按键、触屏升级为声音、动作等更贴近人类交互的方式，二是智能硬件由单个设备连接向多个智能设备联动升级，三是由物物相连升级为以人为中心的智能互联。

2017 年 7 月，为了进一步解放用户双手，探索新的交互方式和物联网入口，小米发布首款人工智能战略级产品——小米 AI 音箱，它与小米产品构成小米智能家居生态网。2017 年 11 月，雷军在小米首次开发者大会上宣布了小米物联网开发者计划，决定进一步拓展产品范围和全面开放 AI 赋能小米平台。2018 年，小米进一步强调未来是万物智慧互联的时代，正式宣布 "手机 +AIoT" 双引擎战略。

首先，达成战略合作。小米与百度共建软硬一体的 "AI+IoT" 生态体系，探索人工智能产品新形态。其次，开放 IoT 平台。小米决定开放智能硬件接入和控制、智能化场景、人工智能技术和销售渠道等资源，从而与其他企业构建智能互联产品体系。为了帮助第三方品牌产品实现与小米 IoT 产品的联动融合，小米推出了 Wi-Fi 模组、蓝牙模组及蓝牙 +Wi-Fi 双模模组。参与者可以通过自有智能硬件嵌入小米标准化的连接模组或者自有云接入小米生态云两种方式接入小米 IoT 平台，并与其他产品互联互动。最后，加强能力建设。培养小米 AI 能力，开发语音服务、技能开发、MACE（全称为 Mobile AI Compute Engine，小米自研的移动端深度学习推理框架）等 AI 能力，从而进一步创造数据价值，赋能各个企业。如小米首席架构师所说："小米在发展和使用 AI 技术的过程中，已经围绕智能手机和小爱同学（小米 AI 音箱）形成了两种 AI 新生态。'手机 +AIoT' 可以构建人工智能无限生态，小爱同学成为万物互联时代的 AI 虚拟助理，将来会无处不在，如影随形。"

2018 年，随着物联网与人工智能重要性的日益凸显，小米升级 IoT 部门为 IoT 平台部，负责 IoT 平台构建与维护。2019 年 2 月，成立直接向 CEO 雷军汇

报工作的人工智能部、大数据部和云平台部，从而推动小米人工智能、AIoT 和小米云技术快速发展。如小米首席架构师所说："小米是一家互联网公司，同时也是一家大数据和 AI 公司，AI 技术在小米有非常广阔的应用空间，自动语音识别（Automatic Speech Recognition，ASR）、自然语言处理/自然语言理解（Natural Language Processing/Natural Language Understanding，NLP/NLU）、深度学习等你能想象到的所有 AI 技术在小米都可能用到。更重要的是，AI 技术今天在小米的一款产品上应用，明天就可能'复制'到十几款产品中。小米也是目前最有机会将 AI 技术落地、服务亿万用户的企业。"

AIoT 布局后，小米决定突破智能家居领域，寻找新的增长点，并实现人与智能环境的连接。小米认为，在产品应用广度和数据规模上，B2B 拥有更广阔的前景。2018 年 12 月，小米和全季酒店合作推出智慧酒店，采用全套小米 AIoT 设备，并通过小爱同学控制场景联动。小米还推出"产业互联解决方案"，覆盖物业、地产和企业 IoT 领域。除了房间场景外，小米还拓展出行场景。虽然在传统情境下，用户通过按键控制车辆，但是为了驾驶安全，语音和屏幕才是更为合理的交互方式。据此，小米与理想 ONE 汽车合作，小爱同学打造车内语音交互环境，AIoT 赋能使家居场景和车载场景联动。2021 年，小米宣布下一个十年的核心战略：全面升级为"手机 × AIoT"战略，从局部连接升级为全面互联互通。随着万物互联带来场景延伸，人机交互已经从局部走向整体，交互载体不局限在手机，而是遍布在智能场景的各个方面；同时，各个智能终端间也将实现全面连接，推动企业实现指数级增长。

随着双引擎战略的实施以及多场景互联互通的实现，2021 年第二季度，小米首次跻身全球智能手机市场第二名。2020 年，小米智能可穿戴设备出货量全球第一，小米 AIoT 平台已连接设备数达到 3.25 亿台，拥有五件及以上 IoT 产品使用者数量增至 620 万；IoT 业务收入达到 621 亿元，同比增长 41.7%。此阶段形成的智能互联产品体系，将企业产品和业务范围扩展到一组关联的智能互联场景产品和服务，通过多场景联动，实现了小米产品万物智联。企业身份由 IoT 平台转型为生活场景体系提供商，提高了小米在智能产品领域的资源能力、运营效率和掌控力，实现了企业边界指数级扩张。

6.2 案例分析

本研究按照"特征—路径—结果"的逻辑，分析小米这类天生数字化基因的企业，利用数字化资源进行转型升级的过程，具体如下。

6.2.1 用户端数字化资源内涵与特征

互联网企业，尤其以用户数据为基点来开展软件业务（如 MIUI）的企业，天然具有数字化基因，创建于移动互联网元年的小米就属于这一类企业。小米数字化资源分为两个阶段：首先，在成立之初，小米凭借 MIUI 和小米手机，积累了大量的员工化用户[208]和用户交流数据，并通过用户的参与，来推动手机业务销量跃居中国手机销量榜第一；其次，在物联网时期，小米以"投资＋孵化"模式来拓展生态链产品、开发智数字化部件、构建 IoT 平台，产生、运用大量用户行为数据，并通过多元主体的参与，来推动小米成为最大的消费级 IoT 平台。

1. 用户端数字化资源构成

数字化资源包括数据和数字化基础设施，其中数据作为新型生产要素，正在不断重塑组织的业务生态和价值创造方式[3]，催生新技术、新产品和新业态，深刻影响着中国企业和产业的成长路径。不同于以厂商为中心进行业务拓展，小米以用户为中心，利用用户端数字化资源进行转型升级。

（1）积累数据资源

在移动互联网时期，小米数字化资源是产品性能数据，主要由交流数据和交易数据构成。产品性能数据是以厂商为中心，针对产品性能的用户意见与反馈，如产品的颜色、功能等。产品性能数据是新产品开发的关键因素，帮助企业了解用户需求，推动企业快速发现外在的需求和机会，梳理产品属性与产品概念[205]，有助于改进产品性能，从而提高产品竞争优势。交流数据主要包括两类：一是以结构化数据为主的交流数据，如论坛或微博发起的固定选项的投票，会形成价格、颜色、功能等数据；二是以非结构化数据为主的交流数据，如用户通过论坛帖子、微博评论与工程师进行咨询和评价等互动形成的关于产品性能的数据。交易数据主要包括两类：一是以结构化数据为主的交易订单数据，如价格、品类、数量和地址等数据；二是以非结构化数据为主的交易沟通数据，如用户购买前向小米客服咨询的数据和用户使用反馈数据。产品性能数据反映了用户对产品性能的诉求，小米也通过数据为产品改进指明方向；特别是交流数据，使用户参与产品研发与企业价值共创成为可能[205]。

（2）拓展数据资源

小米拓展数据资源，包括开发用户行为数据、开发数字化部件和构建数字化平台三类。

第一，在物联网时期，小米开发用户行为数据。用户行为数据是指以用户为中心，通过产品的传感器等元器件，产生、收集的用户运动状态、用户环境等数据。企业通过数据来获取终端位置、用户行为等相关场景信息，进而提供定制化的内容和个性化的服务，从而提高服务的有效性和用户忠诚度[25]。同时，企业利用数据分析技术，分析和挖掘传感器产生、收集的数据，这有利于分析用户行为和捕捉未来商机[134]。

第二，小米开发数字化部件，布局智能互联产品，扩大终端范围。①小米决定兼顾专业化和平台化，聚焦手机等核心产品，复制通用性资源进行平台化赋能；并以投资的方式孵化专业化智能硬件企业，遍布用户各个生活场景。②开发智能部件，产生和收集用户行为数据。智能部件包括芯片、传感器、存储器等硬件，还包括操作系统等软件[32]。智能部件用于产生和收集数据，具有监视环境、优化产品操作及自主学习等作用[209]，帮助企业提供定制化服务，提高用户忠诚度，保持产品竞争优势[134]。为此，小米生产标准化智能模块，产生和收集用户行为数据、监测用户环境信息；同时，小米开发标准化芯片，使大量异质的用户行为数据标准化，从而打破不同产品之间的用户行为数据壁垒。③开发连接部件，传输用户行为数据。连接部件指的是蓝牙、Wi-Fi 等无线通信模块[32]，可以同时连接多产品，实现数据同步[140]；由此，连接部件以传统功能为基础，拓展了多产品数据流动功能[141]，促进了"物"与"物"的连接，使信息在产品、运

行系统、制造商和用户之间联通。小米开发标准化蓝牙和 Wi-Fi 模块，传输用户
行为数据，实现产品之间的联动。

第三，构建 IoT 数字化平台，分析和应用用户行为数据。由于企业要实现产
品之间智能互联，还需要相应的技术堆栈（数字化基础设施），因此在 2014 年，
小米上线"生态云"，构建"数据池"，推动不同企业的产品连接与用户行为数据
共享。同时，小米打造 AI 处理板块，利用云计算、边缘计算等智能计算能力，
分析、处理挖掘用户行为等数据，进一步探索未来商机。此外，小米与百度达成
战略合作关系，AI 赋能开放 IoT 平台，将小米的应用场景、智能硬件、大数据
和智能设备生态链与百度的 AI 技术、海量数据、知识图谱、信息与服务生态相
结合，深度挖掘数据价值，为用户提供场景化产品，从而提高用户体验。

综上，小米拥有的用户端数字化资源，是指用户交互使用中的数字化资源，
包括用户端数据、数字化部件、用户端数字化平台。用户端数据包括产品性能数
据和用户行为数据两类：产品性能数据是指用户与企业交流、交易形成的用户偏
好数据，使小米能准确了解用户的需求和行为偏好；用户行为数据是指通过用户
使用或佩戴的产品的传感器等零部件自动收集的数据，反映用户个体特征和环境
信息[134]。数字化部件包括智能部件和连接部件，用于产生、收集和传输数据。
用户端数字化平台包括云服务和 AI 板块构成的 IoT 平台，用于分析和挖掘数据，
它是智能互联产品体系的数字化基础设施。

2. 用户端数字化资源特征

数字化时代不同于工业时代战略逻辑，企业需要转换认知框架，由"企业主
义"转换为"用户主义"；同时，战略重点也由"发展确定性"转向"探索可能
性"，通过不断技术创新，认知、满足和引领用户动态需求[122]。通过小米案例分
析发现，不同于传统的"以厂商为中心"的服务于各自功能的传统产品体系，小
米提供的是"以用户为中心"的围绕用户衣、食、住、行的一整套解决方案。小
米从专注生产环节的企业角色，向赋能通用性资源、开发标准化模块、搭建通用
化技术平台的生态管理者转换。更进一步地说，传统企业以过去、确定性为战略
视角，聚焦于已有产品功能的更新迭代；而小米以未来、不确定性为战略视角，

注重探索用户未来需求和潜在商机。

据此，如上文所说，小米数字化资源的布局是以用户为中心，包括数字化部件、数字化平台、用户数据三类。其中：用户数据处于核心地位，数字化部件、数字化平台的作用是产生、存储、处理和应用用户数据。下面从共享性和连接性两个方面分析用户端数字化资源特征。

（1）共享性方面

以用户为中心的数据有助于企业开发新产品，而模块化的数字化部件产生的标准化数据可以推动产品之间共享信息；同时，由于数字化平台通过挖掘和分析数据来再创造数据价值，进而扩大数字化资源共享范围，因此用户端数字化资源具有较高的通用性。具体有三个方面：首先，数据同质化，用户数据通用性较高[115]。小米形成的用户数据，是以用户为中心产生的用户行为、使用偏好等数据，对于以用户为导向开发的各个场景（家居场景、车载场景、酒店场景等），智能硬件产品都具有应用价值和较高的通用性。值得一提的是，用户数据的高通用性，有助于企业打破场景壁垒，实现场景联动，从而进一步扩大数据的共享范围，实现良性循环。其次，数字化部件的标准化特征，保障数字化资源通用性。小米对智能模块和连接模块开发分为两类：一是产品的标准化模块结构，可以嵌入不同智能硬件产品，扩大企业业务范围；二是标准化模块产生并传输的标准化数据，进一步打破产品与产品、企业与企业的边界，提高数字化资源通用性。最后，数字化平台扩大数字化资源通用性[209]。小米在平台层上线云平台和 AI 通用处理板块，使得产品实现互联互通；并通过数据传输，形成可共享的"数据池"；再利用通用化 AI 算法，处理所有产品数据，探索未来商机。据此，用户端数字化资源具有通用性，不仅打破了不同产品、企业之间的边界，还跨越了时空边界，用于探索未来机会、赋能企业开放性、扩大企业业务范围[127]。

（2）连接性方面

首先，数据具有融合性，连接用户和产品。数据即数字，是模拟信号映射为的二进制数。数据同质化且便于组合其他数据，有助于消除产品和行业边界[110]。由于用户数据体现用户的衣食住行各个场景信息，小米通过提供场景化产品体系，为用户提供不同场景的一整套解决方案，因此用户数据连接用户和各个产品，呈现融合性。其次，数字部件具有融合性，连接不同产品。小米开发智能部件，不仅产生用户数据，还将数据标准化，打破了产品之间的数据交互壁垒；加之连接部件使不同产品之间的数据流动得以实现，从而实现产品与产品之间的连接[111]。最后，数字化平台具有融合性，连接产品与平台、场景与场景。小米构建 IoT 平台有两个方面：一是云模块提供接口，可以连接各个产品，使产品之间互联互通，从而实现产品和平台的连接；二是通过 AI 通用板块，通过对数据的分析，将一个场景中的数据应用到其他场景中，实现场景与场景的连接。据此，用户端数字化资源具有融合性，使用户和产品、产品和产品、产品和平台以及场景之间得以连接，形成庞大的智能互联产品体系[100]（见表 6-1）。

表 6-1 用户端数字化资源识别和特征刻画

数字化资源类型	市场特征	逻辑起点	数字化资源构成	数字化资源特征
用户端数字化资源	潜在市场	用户需求	数字化部件、用户端数字化平台、用户数据	通用性、融合性

6.2.2 用户端数字化资源促进企业转型升级路径

智能互联时代的到来，使得产品单独功能性运行转变为产品体系化方案，也为企业提供了两种关于业务范围的战略选择：一是企业的业务是否应该拓展多元产品或发展产品体系中的部件；二是企业是否应该构建技术平台，连接不同产品和数据。企业构建智能互联产品体系，不仅需要通过"内部优化"将单一产品融合在一起，从而为用户提供体系化方案，还需要"外部优化"将产品和数据连接在一起，使不同产品成为体系的功能性模块。那么，小米产品是如何从单一手机发展为智能互联产品体系的？小米又是如何从一家手机公司转型升级为全球最大的 IoT 平台的？本书发现，数字经济时代的到来，使得传统的企业单独创造价值的模式遭到了巨大挑战，企业需要通过与其他企业资源整合价值共创，实现转型升级[32]。因此，本部分将从价值共创的资源组合和合作互动[174]两个方面，分析数字化资源如何促进企业转型升级。

1. 多重性资源组合

小米拥有用户数据、数字化部件、数字化平台等数字化资源。企业想要利用数字化资源转型升级，不仅需要发挥用户端数字化资源的通用性和融合性，通过整合新资源来完善资源体系，还通过跨界搜寻新资源来拓展并挖掘数字化资源，进而提高数字化资源体系价值。具体可以通过基于网络关系整合新资源、基于战略搜寻新资源两个方面来实施。

（1）发挥数字化资源通用性和融合性，整合新资源，完善资源体系

虽然小米作为天生数字化基因企业，拥有大量用户数据等数字化资源，然而面对物联网时代新情境及手机红利消逝等发展瓶颈，企业需要寻找新的价值来源[134]，尤其是可以实现小米数字化资源落地的产品等资源。企业可以通过已有能力、经验[71]或社会网络关系（如原有客户、管理者个人关系等）获取新市场[68]，缓解环境带来的资源限制[56]。

小米早期积累的线上渠道、用户、供应链、品牌、融资等具有互联网数字化特质的资源，使小米手机能够迅速占领智能手机的市场份额。随着中国智能手机销量的增长，基于智能手机越来越耗电的现状，用户对移动电源的需求逐渐凸显。由于当时移动电源价格昂贵、质量参差不齐，因此小米基于手机崛起的经验，发现移动电源市场的巨大潜力，于是决定利用已有渠道红利和 1.5 亿用户基础等资源优势，快速抢占移动电源市场。

新资源在获取初期，往往依赖于企业的社会网络，如已有用户推荐和企业家的个人关系等[69]。在推出小米手机 1 后，小米就尝试开发移动电源，但基于成本高和渠道少等原因而受挫暂停。因此，在积累了一定资源优势的基础上，小米决定进入移动电源市场。小米基于生态链负责人刘德关于"电芯必然会因除联想以外的其他主流个人计算机（Personal Computer，PC）厂商市场萎缩而有大量存货"的预判，认为可以利用这些厂商的库存尾货来做移动电源产品。小米选择之前合作过的原英华达总经理张峰，并成立第一家生态链公司——紫米；小米为紫米提供产品定义、供应链背书、小米品牌及销售渠道，帮助移动电源在很短时间内就收入超过 10 亿元。类似以上，小米利用庞大的用户红利，继续投资手机周边产品，对此，小米曾有"好比今天烤个红薯，余热就能把周边别的东西也烤

熟"的比喻。谢冠宏曾是富士康事业群最年轻的总经理，而小米也一直与富士康保持紧密的合作，便投资谢冠宏做 1MORE 万魔耳机，并且投资智米的苏峻、创米的范海涛、华米的黄汪。随后，小米仍然按照"投熟人"的逻辑，以每 15 天投资一家公司的速度，拓展手机周边领域、智能硬件领域和生活耗材领域，小米创始团队利用社会网络关系来投资生态链产品，形成了小米生态链早期图谱。

（2）跨界搜寻新资源，拓展和挖掘数字化资源体系价值

为了迎接物联网时代的到来，小米需要进一步拓展产品种类；为了保持聚焦与专注核心业务，小米通过制定生态链战略和物联网战略获取新资源。

一是小米制定生态链战略，拓展智能硬件领域。小米成立生态链部门来投资孵化一批新创企业，并通过输出产品价值观、方法论和已有资源（电商平台、营销渠道、品牌等）构建生态链体系，帮助每个生态链企业在细分行业取得竞争优势，从而实现小米生态链可持续发展。围绕这一战略目标，小米筛选适合的企业的成功模式复制于目标企业孵化项目。如 2013 年，小米投资团队搜寻发现空气净化器市场因潜力巨大而可以作为新的投资资源，随后便孵化小米生态链公司智米来研发空气净化器；智米通过空气净化器一款产品，厘清产品流程和供应链，开拓电风扇、加湿器等家电领域，发展为智能环境公司，并进一步反哺小米生态链体系，实现生态链体系可持续发展。如小米生态链的掌门人刘德所说："传统的企业从初创到成功，往往需要 10 年、20 年甚至更长的时间。互联网时代，新创企业更像竹子，一夜春雨后竹笋纷纷钻出地面，每一个概念都会引发一波创业热潮。但竹子生命周期比较短，所以单独一棵竹子是无法长期生存的。我们今天的生态链就是用投资的方式来寻找竹笋，然后把整个生态链公司变成一片竹林，生态链内部实现新陈代谢，能够不断催生新的竹笋，这就是小米的竹林效应。"

二是小米实施物联网战略，挖掘数字化资源价值。首先，小米进一步开放 IoT 平台，除增加生态链企业产品，还向第三方品牌开放资源并提供通用化模块，帮助其加入小米平台中，从而打造庞大的生态系统。其次，小米投资通用化模块部门或企业，实现产品智能化和连接化，使不同产品和不同企业加入小米平台，扩大平台业务范围。2014 年，小米投资绿米进行智能模块的开发，应用于小米智能家居产品领域，又与联芯合力创办松果电子，致力于研发 AI 和 IoT 芯片，并投资了芯片半导体企业56家。最后，小米与AI算法公司达成战略联盟或合作，共同布局物联网。2017年，小米与百度联合宣布，将在 IoT 和 AI 领域展开合作。如百度集团总裁兼首席运营官陆奇所说："百度和小米在 IoT 这个领域和其他领域是非常互补的，是强强联手的合作。小米有一系列的强大的能力，应用能力、智能场景、智能硬件、大数据、智能设备生态链是业界领先的。百度可以带来最强的 AI 技术，海量的用户数据、知识图谱，一系列的能力，包括信息内容的服务。把这两者总结在一起，聚焦在一个新的开发者平台上，让每个开发者能做出更好的产品，带来更多的用户体验创新，可以把场景连接得更好，把用户体验连接得更深，对需求理解得更广、满足得更好。"

随着物联网战略的推进，小米又将物联网战略扩大到数字化部件和数字化平台，并延伸至生活耗材领域。小米通过构建庞大的生态系统，获取了更多种类的新资源。

综上，小米作为天生数字化基因企业，利用数字化资源通用性和融合性，连接更多创新要素，扩大企业业务范围和领域。同时，通过跨界搜寻资源，挖掘数字化资源体系价值，放大数字化资源效用，提高数字化转型效率。

2. 跨界性合作互动

由机械、电子零部件构成的传统产品，已进化为由传感器、软件和微处理器组成的产品复杂系统。数据与连接装置的微型化技术突破，开启了"智能互联产品"竞争新时代[32]。数字技术的运用能够突破甚至颠覆原有的产品、组织和产业边界[43]，传统的战略协同指企业基于产业链上下游进行协同管理，而随着数字化技术的发展，企业转型升级为平台型企业，企业与各主体也由链式关系向平台关系转型，由此，企业由产业链上下游协同向基于数字化平台的多元参与者多边协同发展[53]。通过案例分析发现：小米通过用户端数字化资源与多元主体进行合作互动、转型升级，即利用用户数据与用户、生态链企业合作扩大产品范围，利用数字化部件与生态链企业合作优化产品功能，利用数字化平台与第三方企业合作构建智能互联产品体系，从而推动企业由手机制造商转型升级为 IoT 平台型企业。

（1）利用用户端数字化资源，多元主体扩大产品范围

在传统视角下的封闭式研发创新，企业负责产品的设计、研发、制造和营销全流程环节，重视企业内部不同部门间的交流与合作，实现产品研发和企业战略的协调[90]。由于企业仍然聚焦于内部资源，因此企业的边界较为清晰。如在传统企业中，研发操作系统需要配备开发人员五六千名，分成功能小组若干个，每组配工程师 3 名、产品经理 1 名和测试人员 1 名，参与的用户数量几乎为零。该模式往往带来投入大量资源、流程烦琐、沟通不便等弊端，而远离用户的开发思维也降低了产品市场竞争力。为了突破传统产品创新瓶颈，小米以互联网思维创新产品，并强调用户参与。

（a）企业和用户利用产品性能数据，优化产品性能

随着用户需求多样化、个性化的趋势愈加明显，企业需要向用户咨询开发、完善产品的意见[95]。此时，用户不再是被动的消费者，而是积极主动的价值创造者，并试图通过创新来满足自身差异化需求。特别是数字技术的发展，既为用户参与企业产品创新提供了工具和渠道，也为创新扩散提供了平台，使用户参与企业价值创造成为可能。因此，小米通过开放交流渠道及产品平台，与用户交互并使用户参与产品开发和内测过程，赋能企业研发、制造和销售环节开放性，将用户资源纳入企业内部，与用户实现价值共创，不仅化解了早期资源匮乏的劣势，还优化产品功能，提升产品销量，实现规模经济。

（b）企业与合作企业利用产品性能数据，扩大产品范围

数据的可复制性、高流动性和开放性，使得数据高速扩散，极大地增加了价值链的广度[124]；同时，数据的同质化使它便于组合其他数据，从而消除产品和行业边界。尽管传统企业往往是根据产品结构将其拆分成不同组件进行专业化生产（即产品分工），或是根据生产流程进行专业化分工（即知识分工）[104]，然而由于智能互联体系是由多个单一产品构成的，因此小米将大量个性化异质性用户数据转化为通用化标准，并运用到生产流程中。一是追溯物理价值链源头设计环节，形成通用性设计标准（如极简风），并不断复制到各个产品中，使小米产品范围无限延展；二是分解产品为若干个标准化模块，通过赋能通用性生产资源（如供应商、渠道等），通过专业化生态链公司模块化研制，提高产品研制效率，使小米产品范围进一步明确。据此，小米通过用户数据，极大发挥内部资源、外部资源结合性作用，形成通用性设计标准和模块化生产模式，模糊产品之间的边界；并通过平台化、专业化，进行价值放大，生成产品多样化、跨级别化，以满足不同市场的要求，从而拓展企业横向边界，推动实现范围经济。

（2）利用用户端数字化资源，多元主体优化产品功能

智能互联产品的独特之处，不仅在于互联，还在于"物"；正是智能互联产品的新能力和其产生的数据开创了新的竞争时代递次[32]。信息通信技术（Information and Communication Technology，ICT）的快速发展，推动产品从普通产品（即机械或物理产品）向智能产品（即具有嵌入式系统的普通产品）、智能互联产品递次发展[32]。以手环为例，传统手环由最初的只包含物理部件（时间功能），递次发展为包含物理部件、智能部件（监测心跳功能）和如今包含物理部件、智能部件、连接部件。例如小米手环，物理部件包括橡胶表面、按钮、屏幕、电池和指示灯，智能部件包括用于追踪用户行为的传感器和芯片，连接部件包括用于连接其他产品的蓝牙模块。

（a）小米与生态链企业利用智能部件，负责产生和收集用户数据，优化产品智能功能

2014 年，小米投资绿米，生产智能传感器、遥控器、网关和开关。外接这套设备，就可以跟踪产品的状态，并将测量的数据变换为电信号进行输出，实现自动、远程控制。2015 年，小米进一步推出家庭智能模块，生态链企业通过嵌入智能模块来实现生态链家电智能化，如传统冰箱嵌入该模块，变成具有自动调温功能的智能冰箱。小米通过研发通用化的智能模块，优化了产品原有功能，强化了产品与用户链接，提高了产品竞争优势。2019 年，小米为提高数据收集效率，投资松果电子，开发统一的物联网智能芯片，推动产品产生标准化数据，使不同产品之间信息共享。小米通过开发智能部件，将标准化智能部件嵌入小米生态链产品，实现生态链企业产品智能化；通过共享用户信息，实现数据从散件化组合、产品化整合到智能化融合的升级。同时，小米不断优化产品功能，提高产品体系附加价值，从而提高用户对品牌忠诚度。

（b）小米与生态链企业利用连接部件，负责传输数据，实现产品连接功能

小米在移动互联早期阶段开发耳机、手环等手机周边产品时，由于与控制中心手机距离较近（10 米之内），因此小米选择以在生态链产品中嵌入标准化蓝牙作为连接模块的方式，进行智能互联产品的互联互动。随着小米进入智能硬件（尤其是智能家居等大型家电）领域，小米通过研发 Wi-Fi 模块来满足用户远距离控制需求。为满足多种智能硬件连接要求，小米进一步研发 Wi-Fi+ 蓝牙双模模组并制作标准化模块，通过对生态链企业和第三方品牌智能设备的内置，对用户手机 App 的使用，对 Wi-Fi 或蓝牙的操作，来连接和控制智能硬件。为了实现用户生活场景产品互联互通，小米向第三方企业推出标准化连接模组；连接部件采取开放模块化架构并运用统一的标准化协议和接口，提高了多产品联动效率，扩大了企业产品范围，并以低成本和高激励吸引了众多企业参与。

（3）利用用户端数字化资源，多元主体构建智能互联产品体系

智能互联产品连接的核心基础是互联网，互联网和物组合，形成了一个通用框架，即物联网；物联网超越了传统互联网人与人之间的通信连接，拓展了物与物的数据流动，实现了物与物之间的连接 [140]。更进一步地讲，通过嵌入数字化部件，将产品实体数字化；通过物联网平台，连接所有数字化实体；通过人工智能算法来挖掘数据价值，从而探索引领未来发展方向。为了实现数据流动，企业需要建立基础设施以形成 IoT 技术堆栈，从而使大量的产品相互连接。构建 IoT 平台存在两个难点：一是大量数据难以储存、分析、管理，对产品产生的数据的交互与共享不足；二是数据入口缺乏统一的整合利用，每个产品都需要在手机中安装一个 App，用户操作较为复杂，无法形成数据闭环。

（a）小米与多元主体利用数字化平台智能板块存储、分析和管理数据，挖掘数据价值

数字化平台负责储存、分析和管理数据，包括连接管理平台、设备管理平台、云及通用交互板块，是整个 IoT 体系的枢纽。由于数据量随着连接设备数量的增加而越来越庞大，因此小米于 2014 年开发"生态云"，为合作企业提供云服务。一是小米生态云作为数据通路连接点，使智能设备与小米手机实现互联互通；二是通过大量智能设备的接入，储存和共享各个产品在运行过程中生成的所

有数据。基于大量产品数据，2017 年，小米与百度战略合作，利用百度 AI 技术为用户提供智能体验，并深度挖掘海量数据，推动 AI 落地。同时，小米小爱开放平台、小米 IoT 开发者平台和小米开放平台，基于超大规模数据网络体系，利用深度学习等技术，深度解析视觉、声学和语音等数据，揭示多维多场景应用的未来趋势和隐形信息 [145,147]，指导小米与合作企业在线服务和产品创新。此外，AI 时代，小米专门成立了人工智能部、大数据部、云平台部，既能加强数据间内在联系，又能保证数据独立性、完整性和安全性，还能减少冗余数据，提高数据共享程度和数据管理效率。数字化平台通过交互、共享数据，并利用人工智能赋能整合、增值数据，进一步扩大了企业业务范围。

（b）小米开发统一控制中枢，赋能多元主体全场景数据闭环

数字化平台可以应用数据到各类使用场景，包括智慧城市、智能制造、智慧交通、智能楼宇等 B2B 领域，以及可穿戴设备与智能家居等 B2C 领域。

首先，统一数据入口端。随着智能互联产品快速发展，2016 年，小米开发米家 App，并形成一套标准化程序来连接不同企业的产品；通过提取多元主体的每类产品的特征来梳理产品功能逻辑，同时以体验一致为基础来保留产品独特功能，从而以标准化形式集合不同企业的产品应用程序，实现产品数据统一输入。

其次，拓展数据应用端。米家 App 作为智能互联产品的控制中枢，充当"管家""遥控器"角色，模拟用户生活习惯，通过在 App 首页展示"设备"或"房间"运行状况，使用户控制智能互联产品。2017 年，小米把 IoT 新入口——小米 AI 音箱小爱同学作为战略制高点重点突破，手机与 AI 音箱由此成为 AIoT 的两大数据入口。除了控制功能，2017 年，小米在米家 App 中内置开放式电商平台——小米有品；除了小米和生态链产品，还引入了第三方品牌产品；基于平台层数据和分析结果，对用户进行画像，从而精准推送相关产品信息。小米通过米家 App，构建从产品接入物联网平台、众筹孵化到电商销售的包含连接控制、分享交互的完整数据生态闭环，打造全场景产品体系。如 IoT 平台负责人所说："遥控器有趣的是它跟用户非常紧密，所以用户很容易在平台上选用其他产品，尤其当用户发现这些产品都可以被遥控器控制。所以米家 App 由控制中心电商、遥控器电商到全品类电商演化。……技术平台和硬件需要触及用户，而附加软件

服务功能，才能产生后续有价值的东西，让用户持续在你的闭环系统里产生更多的控制、数据、分析，这是小米平台跟其他电商或者智能平台最大的区别，我们是一个完整的（数据）闭环。"

小米利用数据闭环，还进军社区物业、家装、商旅等 B2B 领域。小米通过数字化平台与多元主体互动合作，连接各个产品并通过数据闭环实现跨行业、跨领域，进一步扩大智能互联产品体系。

综上，针对用户端数字化资源的通用性和融合性的特征，天生数字化基因企业通过生态式价值共创路径促进企业转型升级，即通过发挥数字化资源通用性和融合性特征的作用来整合新资源；通过挖掘数字化资源体系价值来形成多重性资源组合，进而与多元主体跨界性合作互动；通过扩大产品范围、优化产品功能来构建智能互联产品体系，从而延伸已有生态系统。据此，整个平台大规模、跨领域发展，整个平台的价值来源得到拓展，企业指数级增长得以实现（见图 6-2）。

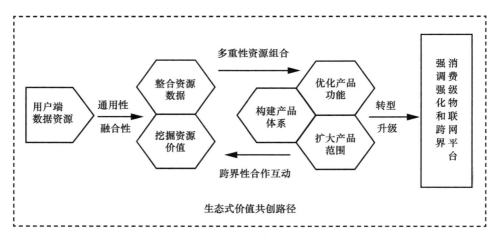

图6-2　用户端数字化资源通过生态式价值共创促进企业转型升级

6.2.3　用户端数字化资源促进企业转型升级后的结果刻画

小米利用用户端数字化资源，通过生态式价值共创，从手机制造商转型升级为全球最大的消费级物联网平台。本书将从参与者角色、链接关系、企业边界三个方面分析小米转型升级后的结果。

（1）在参与者角色方面

用户端数字化资源促进企业转型升级，强化了生态系统中用户的角色。在转型升级之前，小米在生态系统中承担整合开拓渠道、拓展用户、洽谈供应商等各类资源的角色，企业内部呈现"核心创始人—部门管理者—员工"扁平化管理层级，由于员工持股模式，企业成员会为了共同目标而协同合作。

在实施转型升级后，企业由"厂商逻辑"转变为"用户逻辑"，强化用户角色；同时，企业由资源整合者向主导者转变，从而提高转型升级效率。具体而言：一是在移动互联网时代，小米围绕用户需求来研发、改良单个产品，利用MIUI论坛、QQ群来等社群来收集用户意见，并通过众包方式将一些产品开发工作外包给有能力的用户完成。在物联网时代，小米逻辑导向从以"厂商"为中心转向以"用户"为中心，针对用户生活的各个场景进行产品布局，连接产品与产品、企业与企业、产品与平台，从而为用户提供一整套解决方案。二是在企业转型升级后，小米承担平台主控者角色。在传统分工体系下，企业聚焦于产品层面，根据产品结构拆分成不同组件进行专业化生产（即产品分工），或者根据产品不同生产环节进行专业化分工（即知识分工）。传统分工体系的建立，是以异质性生产要素为基础的。在物联网时代，不同于传统产品的零散化、本地化特征，智能互联产品具有体系化、云（平台）化的特征，呈现产品层和虚拟层结合的新型分工模式。结合小米案例实践发现，在新型分工模式下，关于产品层方面，企业将形成的通用化能力或模块复制或嵌入到生态链企业产品，模糊传统企业的边界分工，而生态链公司则专注产品专业化功能，通过模块化生产提高效率；关于产品层和虚拟层结合方面，企业通过构建通用性技术平台、掌握数据入口端和应用端来扩大企业边界。换言之，企业通过以同质性要素为基础的新型分工，把控智能互联产品体系价值链前端（通用性模块或能力）、中端（技术平台）与终端（数据应用），而其他企业则负责其他生产环节，进而强化了企业在智能互联产品体系中的主导权。据此，企业转型升级使原有生态用户的角色得到强化，核心企业的角色由资源整合者向资源主控者转变。

（2）在链接关系方面

企业利用用户端数字化资源进行转型升级，增强了平台中产品体系之间、主体间的链接关系。在转型升级之前：一是小米与内部员工、用户之间围绕手机业务开发迭代，呈现频繁互动的紧密链接关系；二是小米根据产品订单需求，主动寻找供应商等外部企业并与其达成合作关系，两者关系比较松散。

在企业转型升级后：数字化平台和标准化部件等数字化资源，促使小米与用户、合作企业各主体间及产品体系间链接关系提升（如家居场景产品体系和出行场景产品体系）；同时，产品连接数量随着产品联动业务的增多而提高，而小米体量增大所产生的网络效应则吸引了利益相关者的加入。具体来说，首先，通过布局数字化部件智能模块，优化产品功能，提高产品竞争力，加强用户与产品的连接；其次，布局数字化部件连接模块，实现产品与产品连接，扩大企业业务范围；最后，通过构建数字化平台，建立产品与平台的连接，推动企业跨领域发展。同时，通过数据的共享交互与价值再创造，从而赋能各个场景，实现场景之间的联动，并探索未来潜在商机。据此，企业通过物理连接和虚拟连接，形成全面连接、多场景联动的产品体系；并且在转型升级后，使产品体系之间、多元主体与核心企业之间的链接关系更加紧密、交互更加频繁。

（3）在企业边界方面

企业通过用户端数字化资源实现转型升级，呈现无边界发展，实现指数级增长。企业在转型升级之前，其范围是有限的，聚焦于手机等核心产品及智能硬件领域。企业在转型升级后，小米与多元主体打造从个人场景、手机场景到生活场景的各个场景，通过不断嵌入标准化开放型数字化部件构建跨界型数字化平台，其数据流动呈现"用户数据—产品数据—行业数据—跨行业数据"进阶演化。同时，数字化资源的智能连接属性及数据具有的边际成本递减、边际收益递增和可共享、可复制等不同于传统要素的特征，使得小米不断模糊原有产品边界、企业边界和行业边界，为企业指数级增长和无边界发展提供可能性。据此，企业边界由手机周边产品、智能互联产品、智能互联生态链产品到智能万物互联边界演化，并向无边界发展，最终实现小米万物智联的产品体系。

6.3 用户端数字化资源促进企业转型升级的过程模型

本章按照"特征—路径—结果"的逻辑，将小米转型升级的过程分为资源识别、实施过程、结果特征三部分。相关信息见表 6-2。

表 6-2 小米转型升级相关信息

企业类型	数字化资源		价值共创			企业转型升级演化图
	内涵	特征	主体	内容		
				资源组合	合作互动	
手机制造商	用户交互使用过程中的数字化资源，包括用户端数字化平台和用户端数据	通用性、融合性	企业 + 用户	发挥数字化资源通用性和完善资源体系，搜寻新资源拓展并挖掘数字化资源价值	优化产品功能	
智能硬件物联网平台商			企业 + 用户 + 生态链企业		扩大产品范围，增加产品功能	
消费级物联网平台商			企业 + 用户 + 生态链企业 + 第三方企业		构建智能互联产品体系	

首先，本章识别用户端数字化资源内涵并刻画其特征，这也是本研究的逻辑起点。在互联网情境下成立的企业积累大量的用户数据，尤其对于布局产品

业务的小米来说，其数字化资源还包括服务于用户数据的数字化部件和数字化平台。天生数字化基因企业强调用户的参与感。数字化资源的源头往往是通过社交平台或产品平台与用户交互形成的用于研发和改良产品的交流或交易数据。物联网时代，企业不再局限于非结构化、以产品为中心的交流数据，而是形成标准化的、以用户为中心的通用性用户行为数据；同时，企业布局数字化部件和数字化平台，用于产生、传输、存储和分析用户数据。基于此，由于标准化部件扩大产品范围，标准化数据打破产品之间的壁垒，数字化平台又进一步扩大应用场景，因此此类用户端数字化资源具有标准化、通用化的特征和较高的共享性。同时，由于数字化资源是由终端、平台和数据构成的完整的智能互联技术堆栈体系，该体系不仅将数字化模块嵌入多元主体产品，还通过数据、数字化平台连接多元主体，实现产品与产品、产品与用户、产品与平台的连接，因此数字化资源具有融合性特征。

其次，本章发现企业利用用户端数字化资源，通过生态式价值共创路径实现转型升级。小米作为天生数字化基因企业，需要通过网络关系或经验搜寻新的传统资源（如开发新产品），完善资源体系；并通过制定战略来扩大传统资源来源、挖掘数字化资源，提高数字化资源体系价值，从而形成多重性资源组合。同时，随着转型升级的推进，数字化资源的数字化部件演化为物理部件、智能部件和连接部件，数字化平台由交流平台演化为 AIoT 平台，数据由用户数据演化为跨行业数据，多元主体通过数字化资源实现产品功能优化、产品与产品连接、产品与用户连接及产品与平台连接，从而形成大规模、跨行业、高集成的连接，推动企业向消费级物联网平台转型升级。多重性资源组合与跨界性互动合作、相互促进，最大化发挥数字化资源价值，最终增强整个平台新的价值来源。

最后，本章从参与者角色、链接关系、企业边界三方面对基于用户端数字化资源的企业转型升级后的结果进行刻画。这类企业转型升级遵从"用户主导"逻辑，着重强化用户角色，以用户为中心开展产品布局，核心企业由资源整合者进阶为资源主控者，通过把控关键环节、开放其他环节来提高转型升级效率；着重增强链接关系，通过构建智能互联产品体系来深化企业和合作伙伴的战略合作关系，通过投资孵化扩大为嵌入模块或接入平台，通过产品联动使多元主体之间、产品体系之间链接关系更加紧密、互动更加频繁，从而进一步扩大链接范围；平台边界跨行业、跨领域，向无边界发展，从而实现企业指数级增长。

综上所述，本章构建了用户端数字化资源促进企业转型升级的过程模型，如图 6-3 所示。

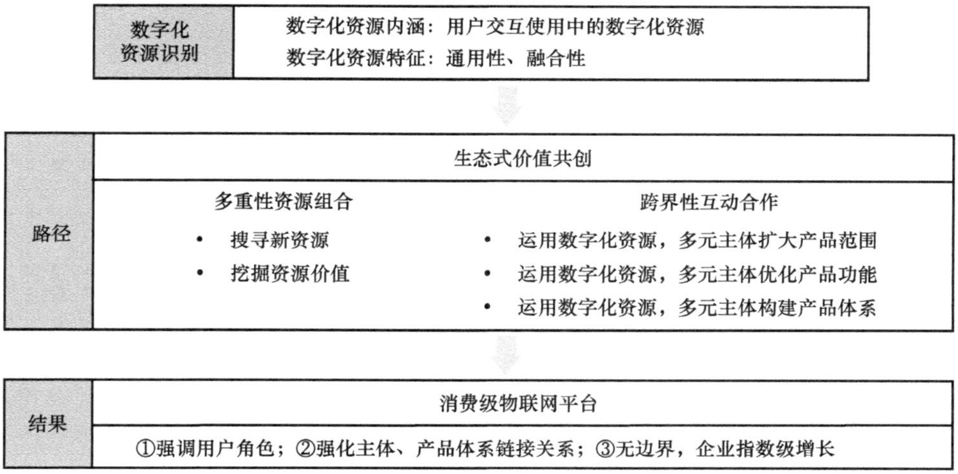

数字化资源识别	数字化资源内涵：用户交互使用中的数字化资源 数字化资源特征：通用性、融合性

路径	生态式价值共创	
	多重性资源组合	跨界性互动合作
	• 搜寻新资源 • 挖掘资源价值	• 运用数字化资源，多元主体扩大产品范围 • 运用数字化资源，多元主体优化产品功能 • 运用数字化资源，多元主体构建产品体系

结果	消费级物联网平台
	①强调用户角色；②强化主体、产品体系链接关系；③无边界，企业指数级增长

图6-3 用户端数字化资源促进企业转型升级的过程模型

第**7**章
结　　论

在前面章节研究内容的基础上，本章对本书的主要研究结论进行提炼和归纳，并进一步提炼了本书的理论贡献和实践管理启示。同时，本部分也对本研究存在的局限性和不足之处进行总结，进而归纳未来需要深入探究的研究方向。

7.1　主要研究结论

本研究以无数字化基因企业晨光生物、半数字化基因企业海尔及天生数字化基因企业小米为研究对象，采用探索性案例研究方法，围绕着"数字化资源促进企业转型升级"这一研究主题开展深入研究：如三类企业数字化资源是什么、特征如何，三类企业利用数字化资源转型升级的路径如何，三类企业利用数字化资源转型升级的结果如何。本节将在前述内容的基础上归纳和总结具体的研究结论。

在案例分析时，回到逻辑起点——数字化资源，分析企业应如何利用数字化资源通过价值共创（资源组合、多元主体合作互动）实现转型升级，并进一步刻画企业转型升级的结果。

1. 识别不同类型企业数字化资源基础并刻画其特征

揭示不同类型企业的数字化资源，并刻画不同类型数字化资源的特征，为企业利用数字化资源实施转型升级指明方向。由于企业资源基础会影响其选择转型升级路径和方向，因此本书以无数字化基因企业、半数字化基因企业和天生数字化基因企业为研究对象，识别不同企业数字化资源的内涵，并从共享性和连接性两个维度来刻画不同数字化资源的特征，从而剖析企业实施转型升级的数字化资源基础（见图7-1）。

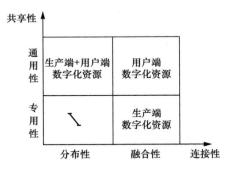

图7-1　企业数字化资源的特征刻画

（1）无数字化基因企业

无数字化基因企业拥有生产端数字化资源。生产端数字化资源是指企业生产过程中的数字化资源，包括生产端数据和生产端数字化平台。生产端数字化资源具有专用性和融合性的特征：在共享性方面，仅可复制应用于企业所在的细分领域，具有专用性；在连接性方面，关联化的数字化资源使主体之间和产品之间的关系较为紧密且促进互动，具有融合性。

据此，当拥有生产端数字化资源的企业进行转型升级时，应发挥数字化资源融合性特征的作用，通过构建联盟来整合各产品和多元主体。同时，提高数字化资源通用性，通过放大优势资源来拓展业务范围，改变企业数字化资源仅仅针对单一产品或细分领域的现状，推动产学研深度融合，从而强化企业竞争优势。

（2）半数字化基因企业

半数字化基因企业拥有生产端和用户端数字化资源。生产端和用户端数字化资源是指企业生产过程中和用户交流交易中的数字化资源，包括生产端和用户端数据及生产端和用户端数字化平台。生产端和用户端数字化资源具有通用性和分布性的特征：在共享性方面，可以复制应用于企业所在整个行业产业链领域，具有通用性；在连接性方面，功能模块化的数字化资源使得业务环节之间相对独立，分散应用于各主体，持续性互动有限，具有分布性。

据此，当拥有生产端和用户端数字化资源的企业进行转型升级时，应发挥数字化资源通用性特征作用，将已有资源赋能各个领域，从而提高企业影响范围。同时，提高数字化资源融合性，通过打通全流程、全生命周期的方式，改变企业数字化资源连接范围广但交互程度低的现状，推进构建共性技术平台，从而引领产业链中小企业创新。

（3）天生数字化基因企业

天生数字化基因企业拥有用户端数字化资源。用户端数字化资源是指用户交互使用中的数字化资源，包括用户端数据和用户端数字化平台。用户端数字化资源具有通用性和融合性的特征：在共享性方面，以用户为中心的数字化资源易于复制应用于用户各个生活场景，具有通用性；在连接性方面，体系性的数字化资源使主体之间和产品体系之间互联互动，连接较为紧密，具有融合性。

据此，当拥有用户端数字化资源的企业进行转型升级时，应该发挥数字化资源通用性特征作用，将资源应用跨领域行业；并利用融合性特征来连接跨领域产品体系和用户，从而构建跨界的智能互联产品体系。同时，企业需要进一步拓展和挖掘数字化资源价值，通过与实体企业合作及数字化资源价值再创造，改变企业数字化资源缺少落地化场景、缺乏竞争力的现状，推进构建智能物联平台，从而为用户提供场景化解决方案。

另外，由于当企业数字化资源具有专用性和分布性特征时，既无法复制应用于其他领域，也无法连接各个主体和产品，因此在数字经济时代，该类企业因无法有效应对外界变化而不在本研究的讨论范围内。

2. 提炼出数字化资源促进企业转型升级的三种路径

针对三类数字化资源的特征，基于价值共创理论，提炼出数字化资源促进企业转型升级的三种路径，即链式价值共创路径、网络式价值共创路径、生态式价值共创路径。在数字经济时代，尽管企业利用数字化资源进行转型升级，而价值共创是企业转型升级的重要路径，然而由于不同类型的数字化资源具有不同的特征，因此其对应的企业转型升级路径不能一概而论。据此，本书以无数字化基因企业、半数字化基因企业和天生数字化基因企业为研究对象，针对三类数字化资源的特征，基于现有价值共创理论"资源组合—合作互动"的逻辑框架，总结归纳了数字化资源促进企业转型升级的三种路径。

（1）链式价值共创路径

针对生产端数字化资源的专用性、融合性特征，无数字化基因企业转型升级路径有两个方面。首先，发挥数字化资源融合性特征作用和提高数字化资源通用性特征作用，形成重构性的资源组合。企业并不能一味舍弃已有资源，而是需要发挥数字化资源融合性特征作用通过吸收新资源来产生新价值，并通过重组资源结构来提高数字化资源通用性，赋予已有资源新价值。其次，利用生产端数字化资源，进行集聚性合作互动。企业通过与多元主体合作提高产品研制效率、促进产学研一体化、强化资源综合利用，从而实现可持续发展。生产端数字化资源通过链式价值共创路径，最终使整个平台能够既专业化又多元化地研制产品，实现规模经济和范围经济兼得。

（2）网络式价值共创路径

针对生产端和用户端数字化资源的通用性、分布性特征，半数字化基因企业转型升级路径有两个方面。首先，发挥数字化资源通用性特征作用和提高数字化资源融合性特征作用，形成开放性的资源组合。企业不能将资源局限于现有领域，而是需要发挥数字化资源通用性特征作用，通过整合新资源获取新价值，并通过整合流程环节提高数字化资源融合性特征作用，激发网络效应。其次，利用生产端和用户端数字化资源，进行赋能性合作互动。企业通过与多元主体合作实现生产流程智能化、产品智能互联化、服务全周期智能化，从而赋能其他中小企业转型升级。生产端和用户端数字化资源通过网络式价值共创路径，最终使整个平台能够以资源分享推动中小企业创新，使平台利益相关者共创共赢，从而形成网络效应竞争优势。

（3）生态式价值共创路径

针对用户端数字化资源的通用性、融合性特征，天生数字化基因企业转型升级路径有两个方面。首先，发挥数字化资源的通用性、融合性特征作用，并拓展和挖掘数字化资源，形成多重性资源组合。企业可以利用数字化资源的通用性、融合性特征作用，基于网络关系来整合新资源、完善资源体系，并通过制定战略来跨界搜寻新资源和拓展、挖掘数字化资源，提高数字化资源价值。其次，利用用户端数字化资源，进行跨界性合作互动。企业与多元主体通过扩大产品范围、优化产品功能、构建智能互联产品体系来为用户提供场景化解决方案。用户端数字化资源通过生态式价值共创路径，最终使整个平台实现大规模、跨领域发展，拓展了整个平台的价值来源，覆盖了用户场景，从而实现企业指数级增长。

本书从角色、关系和边界三个方面刻画了不同类型数字化资源促进企业转型升级的结果。无数字化基因企业晨光生物利用生产端数字化资源，通过链式价值共创路径，重构资源体系，由植物提取企业转型升级为大健康行业共享平台，从而实现可持续发展；半数字化基因企业海尔利用生产端和用户端数字化资源，通过网络式价值共创路径，整合资源体系，由家电制造企业转型升级为智能制造平台，从而实现各主体共创共享；天生数字化基因企业小米利用用户端数字化资源，通过生态式价值共创，挖掘资源体系，由手机制造公司转型升级为消费级物联网平台，全方位覆盖用户生活场景，从而实现企业指数级增长。

三家企业转型升级结果的不同点主要体现在三个方面：第一，参与者角色方面。行业共享平台更强调企业角色，核心企业承担主导的功能，整合各主体资源；智能制造平台更强调参与者角色，核心企业承担基石的功能，整合并赋能资源给其他成员；消费级物联网平台更强调用户角色，企业承担主控的功能，既为其他成员共享资源，也使其他资源通过嵌入平台成为构建万物互联的一部分。第二，链接关系方面。行业共享平台强化主体之间、产品之间的链接关系，智能制造平台强化主体之间、生产流程之间的链接关系，消费级物联网平台强化主体之间、产品体系之间的链接关系。第三，平台边界方面。行业共享平台打通产业链上下游并拓展多元化业务，呈现线型边界形态；智能制造平台向生产制造领域延伸并赋能各中小企业转型升级，呈现网络型边界形态；消费级物联网平台跨界、跨领域并覆盖用户生活场景体系，使产品无处不在，使万物互联代为行动，使企业实现指数级增长，呈现无边界拓展形态。

综上所述，数字化资源促进企业转型升级的过程模型如图 7-2 所示。

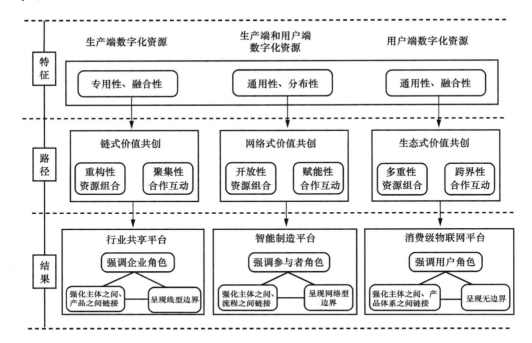

图7-2　数字化资源促进企业转型升级过程模型

7.2　理论贡献

本书综合数字化资源、企业转型升级、价值共创相关理论，深入探讨数字化资源促进企业转型升级过程的内在机理。本书的理论贡献主要有以下三个方面。

（1）揭示不同类型企业的数字化资源内涵及刻画其特征

本书揭示了不同类型企业的数字化资源内涵，并刻画了不同类型数字化资源的特征，有助于完善数字化资源理论。

尽管资源理论已被证明是一种高度通用的解释工具，用于构建新的企业理论模型，从而解释有关企业的性质、边界和成长的问题[101-103]；然而现有资源理论研究主要集中在传统资源，关于数字化资源的研究仍显匮乏[90-93]。在数字经济时代，数字化资源成为关键生产要素，传统资源的抽象假设和相关研究无法囊括数字化资源，而这也正是传统资源理论对数字经济时代企业新现象的解释有效性越发乏力的原因。同时，尽管数字化资源与传统资源具有完全不同的特征，然而由于现有关于数字化资源特征的研究较为分散，并存在概念相似或重叠现象，因此有待对现有研究进行整合并在统一划分标准下进行分类研究[127]。

本书识别了不同类型企业的数字化资源内涵，并从共享性和连接性两个维度对数字化资源特征进行刻画：无数字化基因企业拥有生产端数字化资源，即企业生产过程中的数字化资源，其具有专用性、融合性特征；半数字化基因企业拥有生产端和用户端数字化资源，即企业生产过程及用户交流交易中的数字化资源，其具有通用性、分布性特征；天生数字化基因企业拥有用户端数字化资源，即用户交互使用中的数字化资源，其具有通用性、融合性特征。同时，本书通过对不同类型的数字化资源进行识别和刻画，进一步为企业转型升级指明方向。

本书识别了不同类型数字化资源的内涵，并刻画了不同类型数字化资源的特征，进一步丰富了数字化资源的理论研究，也为后续学者展开基于数字化资源的研究提供了理论基础。

（2）提炼数字化资源促进企业转型升级的三种路径

本书针对不同类型的数字化资源，基于价值共创理论，提炼出数字化资源促进企业转型升级的三种路径，即链式价值共创路径、网络式价值共创路径和生态式价值共创路径，发展并完善了转型升级理论，并丰富了价值共创理论。

企业资源基础会影响其选择转型升级路径和方向，同时，价值共创是企业转型升级的重要路径[49-51]。尽管不同企业的数字化资源因基础不同而不能一概而论，然而现有文献还是将企业笼统地看作同一"黑箱"，仍然对数字化资源促进企业转型升级的路径缺少必要的分类探讨。同时，尽管现有价值共创理论的展开主要基于传统资源，然而数字化资源呈现的数字化、网络化特征，却颠覆了价值创造主体之间传统的互动方式[51]，虽已有少量研究表明企业意识到数字化资源对企业价值共创的影响[52,57]，但仍缺乏对数字化资源与价值共创的深入探讨。

本书针对不同类型的数字化资源，遵循"资源组合—合作互动"的逻辑，提炼出数字化资源促进企业转型升级的三种路径。一是链式价值共创路径。无数字化基因企业利用生产端数字化资源，通过重构性资源组合和集聚性合作互动，实现规模经济和范围经济兼得。二是网络式价值共创路径。半数字化基因企业利用生产端和用户端数字化资源，通过开放性资源组合和赋能性合作互动，实现多元主体共创共享。三是生态式价值共创路径。天生数字化基因企业利用用户端数字化资源，通过多重性资源组合和跨界性合作互动，实现企业指数级增长。

本书分类研究企业转型升级路径，弥补了现有研究因忽略资源基础、产业特征的差异性，而将企业笼统地看作同一"黑箱"的不足。同时，本书探讨在数字经济新情境下的企业价值共创的基础性问题，有利于诠释数字化资源匹配企业价值共创的新现象，推动发展主流的企业价值创造理论。

（3）发现数字化资源与转型升级之间的匹配与互动关系

本书基于"特征—路径—结果"的逻辑，发现了数字化资源与转型升级之间的匹配与互动关系，并据此构建了数字化资源促进企业转型升级的动态过程模型，完善并拓展了数字经济时代企业转型升级的理论研究。

在传统视角下，企业转型升级的关键在于企业向微笑曲线的两端延伸、从价值链低端向高端发展（强调流程环节的转型升级），从而提高核心能力与产品服务的附加价值[55]。同时，传统制造企业转型升级理论更多基于企业内部的资源基础观和动态能力理论等，以传统资源为基础，对影响因素、策略、评价体系等静态要素展开研究。在数字经济时代，数字化资源已成为关键的新型生产要素，虽然已有少量研究表明数字化资源的特征会对企业转型升级产生不同的作用，并展现区别于传统资源对企业转型升级影响的不同模式[90]，但是目前仍然缺乏对数字化资源如何推动企业转型升级的深入探讨。此外，现有研究局限于单案例研究，很难归纳比较不同类型企业运用数字化资源进行价值共创来实现转型升级的新业态。

本书基于"特征—路径—结果"逻辑，剖析了不同类型数字化资源促进企业转型升级的动态过程：无数字化基因企业利用生产端数字化资源，通过链式价值共创路径来构建平台，完成植物提取企业向行业共享平台的转型升级，并强调企业角色，强化产品之间和主体之间链接关系，呈现线型边界；半数字化基因企业利用生产端和用户端数字化资源，通过网络式价值共创路径来扩大平台，完成家电厂商向智能制造平台的转型升级，并强调参与者角色，强化流程之间、主体之间链接关系，呈现网络型边界；天生数字化基因企业利用用户端数字化资源，通过生态式价值共创路径来跨界平台，完成手机厂商向消费级物联网平台的转型升级，并强调用户角色，强化产品体系之间、主体之间的链接关系，呈现无边界拓展。

据此，本书认为数字化资源促进企业转型升级的关键在于构建和发展平台，并强调平台体系的转型升级，从而提高平台的核心竞争力和价值。本书构建了数字化资源促进企业转型升级的动态模型，进一步完善了数字经济时代的企业转型升级理论研究。

综上所述，本书以无数字化基因企业、半数字化基因企业和天生数字化基因企业为案例研究对象，围绕"数字化资源促进企业转型升级"为研究主题开展了深入研究，具体的研究路径与研究结果分为研究主题、技术路线、研究发现、理论贡献四大部分（见表 7-1）。

表 7-1　本书研究路径与结果一览表

部分	主要内容		
研究主题	本书围绕数字化资源促进企业转型升级过程进行研究： （1）揭示不同类型企业的数字化资源内涵及刻画其特征； （2）剖析不同类型数字化资源促进企业转型升级的路径； （3）探讨不同类型数字化资源促进企业转型升级的结果		
技术路线	（1）数字化资源和企业转型升级的相关文献综述和理论框架推导； （2）数字化资源促进企业转型升级过程的案例研究和总结分析		
企业类型	无数字化基因企业	半数字化基因企业	天生数字化基因企业
研究逻辑 — 特征刻画	拥有生产端数字化资源，即企业生产过程中的数字化资源，其具有专用性、融合性的特征	拥有生产端和用户端数字化资源，即企业生产过程以及用户交流交易的数字化资源，其具有通用性、分布性的特征	拥有用户端数字化资源，即用户交互使用的数字化资源，其具有通用性、融合性的特征
研究逻辑 — 路径分析	链式价值共创路径（重构性资源组合＋集聚性合作互动），强调重构与效率，搭建平台	网络式价值共创路径（开放性资源组合＋赋能性合作互动），强调共享与赋能，扩大平台	生态式价值共创路径（多重性资源组合＋跨界性合作互动），强调强化与跨界，跨界平台
研究逻辑 — 结果探讨	转型升级为行业共享平台，强调企业的角色，强化主体之间、产品之间链接关系，呈现线型边界	转型升级为智能制造平台，强调参与者角色，强化主体之间、流程之间链接关系，呈现网络型边界	转型升级为消费级物联网平台，强调用户角色，强化主体之间、产品体系之间链接关系，呈现无边界

续表

部分	主要内容
研究结论	不同类型企业拥有不同类型和特征的数字化资源，需要通过选择不同价值共创路径进行转型升级，并产生不同转型升级结果。基于此，本研究构建了数字化资源促进企业转型升级的动态过程模型
理论贡献	（1）揭示并刻画了不同类型数字化资源的内涵和特征，有助于完善数字化资源理论； （2）针对不同类型的数字化资源，基于价值共创理论，提炼出数字化资源促进企业转型升级的三种路径，发展并完善了转型升级理论，并丰富了价值共创理论； （3）基于"特征—路径—结果"逻辑，构建了数字化资源促进企业转型升级的动态过程模型，完善并拓展了数字经济时代企业转型升级的理论研究

7.3　研究局限与展望

7.3.1　研究局限

本书以无数字化基因企业、半数字化基因企业和天生数字化基因企业为案例研究对象，研究了数字化资源促进企业转型升级，丰富、拓展了数字化资源和转型升级等相关理论，为在数字经济情境下企业的战略转型提供了具体可操作的理论指导，但本书仍存在如下三个方面的局限性，有待后续进一步完善。

（1）在案例研究方法方面

尽管理论界已经认可了探索性案例研究方法的合理性和典型性，但对其外部效度和普适性仍然有争议。本书通过收集、整理、分析不同数字化基因企业第一手案例数据，并采用深刻建立在数字化资源和转型升级理论基础之上的"分析概括"方法[36]，进一步保证了研究、发现和结论的信度和效度，确保了研究结论的普适性和科学性。同时，由于调研方案具有主观回顾性特征，受访者会出现回避或夸大企业实践的真实情况[39]，因此从 2017 年 4 月开始，本研究团队持续追踪、定期回访企业员工并更新信息，同步采用一手二手资料结合、三角验证等方法，从而确保数据的真实性和可靠性[37]。

（2）在研究对象甄选方面

本书选取的案例对象具有较强的代表性和典型性：在无数字化基因企业转型升级时，选择植物提取行业多项世界隐形冠军的晨光生物；在研究半数字化基因转型升级时，选择全球家电第一且有几十年行业积累的海尔；在研究天生数字化基因企业转型升级时，选择国内近几年异军突起，全球较年轻的 500 强企业小米。同时，这三类企业具有一定的对比性，如在数字化资源构成、特征和在价值共创方式、转型升级特征等方面存在差异。尽管选取上述案例能够使得理论的对比意义更加凸显，然而这也可能忽略了不同企业所造成的情境上的偏差，因此其普适性有待进一步提高。

（3）在研究内容方面

本书从转型升级的数字化资源的基础和特征、路径和结果等维度展开分析，虽然它们对数字化资源促进企业转型升级的研究至关重要，但是这些问题并非该研究所涉及的全部管理问题，也有可能会存在其他一些值得被进一步研究探讨的问题，如组织架构、产业链、资金流等。

7.3.2　研究展望

根据以上对本研究目前所存在局限的认知和本书对数字化资源、企业转型升级的相关研究结论，未来研究可以从以下几方面展开。

（1）在研究方法方面

本研究属于探索性的案例研究，目的是深入探索和挖掘企业实践中所涌现的新现象和新管理问题，并揭示出数字化资源的内涵特征及探讨数字化资源促进企业转型升级的内在机理。在未来的研究中，可考虑采用量化分析的研究方法来验证现有研究所构建的模型，进一步完善本书的研究结论。

（2）在研究对象方面

在未来的研究中通过将研究对象范围细化到不同数字化基因企业领域内具体类别的企业，如无数字化基因类别中的老字号企业、天生数字化基因类别中的网红公司等，更加系统、细致地构建数字化资源促进企业转型升级的基本理论框架，从而提高研究结论的普适性。

（3）在研究内容方面

在未来的研究中，面对新一轮数字技术革命的冲击，可进一步关注企业是如何通过组织架构、资金流、产业链等方式进行转型升级的，以全面总结与提炼具有指导中国情境下企业管理实践的管理理论。

附　　录

附录1　小米物联网平台示意图

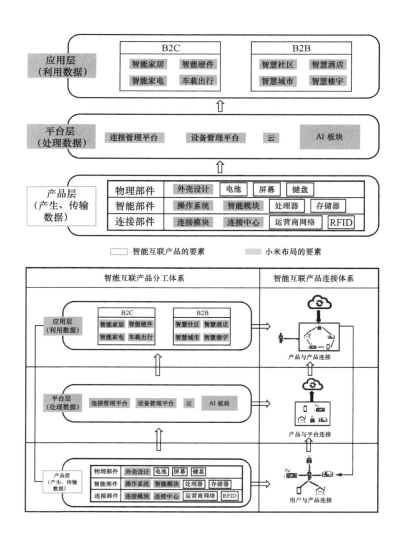

附录2　晨光生物访谈提纲和受访者信息

为了探究数字化资源促进无数字化基因企业转型升级的内在机理，2019年3月和2019年9月，笔者团队两次实地调研晨光生物公司。由于篇幅有限，因此此处仅选取部分代表性人物和访谈问题，具体的访谈提纲内容如下。

访谈对象 1：晨光生物董事长

（1）从创业到现在，晨光生物成为多项产品隐形冠军，大致分为几个阶段？每个阶段解决了什么问题？

（2）您最初作为五金厂厂长，厂长经验给您创业带来什么资源或能力？

（3）晨光生物是如何一步步解决资源极度匮缺问题的？

（4）晨光生物有那么多合作伙伴，战略协同度是如何做成的？

（5）晨光生物将竞争关系转变为竞合关系的方式方法是什么？

（6）您创建了五步走的产品开发模式，您之前的什么经验培养了您这种回避风险的能力？

（7）您作为企业家，是如何评价自己各方面的？

（8）晨光生物是如何平衡看得到的投入和看不到的投入的呢？投资比例如何分配？

（9）晨光生物哪些方面采取数字化的？又是如何培养数字化能力的？

（10）您是如何提高提取技术的？又是如何实现提取技术延伸的？

访谈对象 2：晨光生物副总经理

（1）您的职业成长历程大概是什么样呢？什么时候来的晨光生物？

（2）实验室发展到研发中心，从技术角度来说，有没有里程碑的事件？技术创新路径是怎么样的？

（3）辣椒提取技术如何发展的？其他植物提取技术又是如何形成的？

（4）在发展过程中，晨光生物遇到的障碍有哪些？又是如何跨越的？

（5）在产业链和业务拓展上，晨光生物有什么里程碑事件？

（6）晨光生物是如何形成利益生态圈的？又是如何激励大家加入和发展的？晨光生物扮演什么角色？角色是否有发生变化？

（7）晨光生物目前在哪个板块做得最好？为什么？

（8）晨光生物数字化发展程度如何？发展路径是什么？

（9）晨光生物的产品开发逻辑是什么？

（10）竞争对手进入相似细分市场难度大吗？为什么慢，因为技术吗？

访谈对象 3：色素营销、营养及药用事业部负责人

（1）请您简单介绍您是什么时候加入晨光生物的？主要分管哪些工作？

（2）新的事业部是在原来部门基础上延伸或者利用吗？是如何发展的？

（3）产业链在原来基础上向下延伸，在技术上有难度吗？是如何克服的？

（4）营养及药用事业部的用户是如何拓展的？是在原有用户基础上拓展的吗？

（5）晨光生物的跨界是有预先计划吗？是如何决定下步向哪个品类跨界的呢？

（6）晨光生物拓展业务，组织管理上有什么变化？是技术驱动还是市场驱动的？

（7）晨光生物在跨界时会遇到什么困难？又是怎样一步步解决的？

（8）营养及药用事业部和传统的有区别吗，包括运营上、架构上、管理上、技术上？

（9）营养及药用事业部占这个公司营收比例如何？用户认知上是否有变化？

（10）晨光生物在植物提取方面就是物理反应和化学反应，但在企业人才技术不具备的情况下，是通过学校或研发机构的产学研一体化吗？

访谈对象 4：研发部副总经理

（1）晨光生物提取技术从零到世界领先，有哪几次重大进步，尤其是数据的发展方面？

（2）晨光生物的五步走是什么？跟传统三步走有什么区别？

（3）企业提取技术从单一品种到产业化规模化，技术有哪些创新？从单一技术到综合利用？

（4）企业数字化技术的引入对提取技术的发展有没有帮助？是如何发展的？

（5）企业经过几个阶段发展到现在无人工厂的？还有哪些数字化技术？

（6）企业经过几个阶段从自动化发展到智能化的？做了哪些工作？遇到了哪些困难？又是如何克服的？

（7）数字化技术是如何帮助企业从非标准化材料变成标准化材料的？数字化技术起到什么作用？

访谈对象 5：生产相关人员部门总经理

（1）您什么时候来的晨光生物，在这里工作多久？具体负责哪些工作？

（2）晨光生物生产包括设备和技术是如何一步一步自动化、数字化的，大概分为几个阶段？

（3）请您简单介绍一下晨光生物的产品发展脉络和逻辑。

（4）不同产品和产业之间的生产技术和设备有什么相通性和不同？

（5）生产设备每年都要更新，这是为了提高效率还是降低成本？其中，数字化起到的作用或者得到的发展是什么？

（6）生产方面有没有相通的平台用于收集和处理数据？又是如何应用这些数据的？是利用数字化设备技术实现的吗？

（7）晨光生物是如何实现用一个生产线提取不同植物的？

（8）在五步走流程中，生产部门什么时候介入？起到什么作用？

（9）除了数字化生产设备，数据对提取技术有什么帮助？

晨光生物受访者信息见附表 1。

附表 1　晨光生物受访者信息

访谈者所在部门	访谈者职务	访谈主题	访谈次数	访谈时间 /min
总裁办公室	董事长	公司发展战略、产品发展历程	1	67
	董事长助理		2	129
天然色素事业部	产品经理	天然色素产品发展脉络、各产品之间的关系、隐形冠军产品原因	1	52
	营销经理		2	70
香辛料提取物和精油事业部	产品经理	香辛料提取物和精油产品发展脉络、产品之间与类别之间的关系	1	100
营养及药用提取物事业部	产品经理	营养品产品体系、发展脉络、品类间的关系	1	61

访谈者所在部门	访谈者职务	访谈主题	访谈次数	访谈时间 /min
油脂和蛋白事业部	产品经理	油脂和蛋白产品发展脉络、产品之间与类别之间的关系	1	59
保健食品事业部	副总裁	保健食品发展脉络、与其他产品和品类之间的关系	2	58
	产品经理		2	71
战略管理部	经理	企业数字化发展战略、企业商业模式	1	66
行政管理部	副总经理	企业组织架构、日常管理实践	2	121
研发部	副总裁	数字化研发的发展历程、各产品和产品品类研发数据特征、产品与品类之间研发数据的关系、数字化研发与数字化生产之间关系、数字化研发数据对企业连续边界跨越的影响、数字化研发与传统研发的区别	2	131
	副总经理		1	67
	资深研发专员 1		1	53
	资深研发专员 2		1	60
	研发专员 1		1	59
	研发专员 2		2	121
生产事业部	总经理	数字化生产的发展历程、各产品和产品品类生产数据特征、产品与品类之间生产数据的关系、数字化研发与数字化生产之间关系、数字化生产数据对企业连续边界跨越的影响、数字化生产与传统生产的区别	1	55
	资深生产专员 1		2	151
	资深生产专员 2		1	60
	生产专员 1		1	56
	生产专员 2		2	111
	生产专员 3		1	61
设备自动化部	总经理	生产设备数据搜集过程、生产安全、设备分类与功能	1	67
	副总经理		1	58
信息部	总经理	企业信息系统与信息追溯、存储、分析过程	1	53
	副总经理		1	61

附录 3　海尔访谈提纲

为了探究数字化资源促进半数字化基因企业转型升级的内在机理，2020 年 7 月，笔者团队调研访谈海尔集团。由于篇幅有限，因此此处仅选取部分访谈问题，具体的访谈提纲内容如下。

主题 1：海尔数字化发展现状

（1）海尔集团的发展历程是什么？有哪几个阶段？都有什么重要事件？

（2）海尔集团发展过程中的战略、技术和组织架构发生了什么变化？

（3）在数字经济时代，海尔现在是什么阶段？业务开展逻辑是什么？

（4）请您简单介绍一下海尔场景化业态，如您负责的衣联网。

（5）海尔是如何实现数字化转型的？战略、业务都是如何调整的？

（6）数字化技术或数字化平台为海尔带来什么作用？

（7）请您简单讲讲 COSMOPlat 发展历程以及发展现状。

（8）在数字经济时代，用户需求发生了什么变化？对企业最大的挑战是什么？海尔又是如何克服的？

（9）海尔是如何实现大规模定制的？有哪些难题？又是如何解决的？

（10）对海尔来说，目前最大的挑战是什么？未来发展规划是什么？

主题 2：海尔卡奥斯 COSMOPlat

（1）请您简单介绍一下 COSMOPlat，其现状和行业地位如何？

（2）请梳理一下，海尔 COSMOPlat 的发展历程大致分为几个阶段？

（3）请介绍一下每个阶段都有谁参与？参与者可分为几种类型？包含几类产业？

（4）每个阶段各参与者之间是如何合作的？其关系发生了什么变化？

（5）COSOMOPlat 对海尔业务产生什么作用？

（6）COSMOPlat 是如何赋能中小企业的以及用户的？

（7）海尔有哪些智能互联工厂？与传统工厂有什么不同？

（8）在此次疫情中，COSMOPlat 发挥了什么作用？

（9）COSMOPlat 未来的机遇和挑战是什么？

主题 3：海尔数字化营销方面

（1）请您梳理一下海尔营销方面的发展历程大致有几个阶段，发生过哪些重要事件。

（2）请您阐述一下海尔营销在海尔发展过程中的作用。

（3）在数字经济时代，海尔营销策略发生了什么变化？取得什么效果？

（4）海尔营销有哪些难点？海尔又是如何克服的？

（5）数字化赋能海尔营销哪些方面？相较于传统资源有什么不同？

（6）海尔数字化营销对于海尔家电业务有什么作用？请具体举例。

（7）海尔如何实施数字化营销，尤其是如何让用户参与海尔运作流程的？

（8）相较于传统营销，数字化营销对企业绩效的影响有什么不同？

主题 4：海尔数字化供应链方面

（1）请您简单梳理一下海尔供应链的发展历程以及重要事件。

（2）海尔是如何整合供应链资源的？遇到什么困难？又是如何克服的？

（3）数字化赋能供应链哪些方面？取得什么效果？

（4）相较于传统模式，数字化供应链有什么不同？

（5）海尔的产销协同是如何实现的？上下游产业链是如何打通的？

（6）海尔是如何协调多元主体从而整合各种资源的？

（7）海尔是如何利用数字化技术对多元化异质性的资源进行处理的？

（8）海尔供应链对海尔提倡的"人单合一"模式有什么作用吗？

（9）海尔目前业务中的供应链、COSMOPlat 以及核心业务之间的关系是什么？是如何运作的流程？

（10）海尔是如何将供应链和市场需求进行匹配的？数字化起到什么作用？

主题 5：海尔数字化生产方面

（1）请您简单梳理一下海尔研发生产的发展历程和重要事件。

（2）海尔的大规模定制化的生产模式是如何实现的？遇到过什么困难？又是如何克服的？

（3）数字化生产和传统生产模式有什么不同？体现在哪些方面？又产生什么不同的效果？

（4）数字化（如数据、数字化平台）赋能生产哪些方面？起到什么作用？

（5）请您简单介绍一下海尔典型的模块化生产模式。

（6）海尔生产模式参与主体是什么？多元主体如何共同生产？

（7）海尔生产中对于物联网或 RFID 等技术的使用如何？效果如何？

（8）海尔数字化生产和 COSMOPlat 之间的关系是什么？如何实现共享？

附录4 小米访谈提纲和受访者信息

为了探究数字化资源促进天生数字化基因企业转型升级的内在机理，2017年4月，笔者团队调研访谈小米公司，并持续观察小米公司。由于篇幅有限，因此此处仅选取部分访谈问题，具体的访谈提纲内容如下。

主题1：小米生态链业务

（1）请您介绍一下小米生态链发展历程和重要事件。

（2）小米投资生态链的逻辑是什么？产品发展脉络是什么？

（3）小米生态链发展过程中遇到过什么困难？又是如何克服的？

（4）小米是如何与生态链企业合作的？如何实现共创共享？

（5）小米会选择哪些企业投资和孵化？小米为其提供什么资源或能力？

（6）数字化技术能力对小米和生态链企业的发展有什么作用？是如何起作用的？

（7）小米生态链业务遇到什么挑战？

（8）小米生态链产品之间出现竞争状况的话，小米如何协调？

（9）小米生态链产品是如何相互连接的？请您介绍下。

（10）数字经济时代，小米生态链业务发生什么变化？未来如何规划的？

主题2：小米物联网平台

（1）请您介绍一下小米物联网平台的发展历程和重要事件。

（2）小米为什么要从做手机到构建物联网平台？有什么困难？又是如何克服的？

（3）小米物联网平台的作用是什么？数字技术对平台的作用体现是什么？

（4）别的企业或产品是如何加入小米物联网平台的？如何运作的？

（5）小米是如何鼓励别的企业加入物联网平台的？是如何共创共享的？

（6）小米和百度是如何合作的？对于平台业务有什么作用？

（7）相较于以前，在搭建物联网平台后，小米业务和绩效产生什么变化？

（8）小米物联网平台的架构是什么？分别有什么作用？

（9）小米物联网平台的数据是如何流动的？分别起到什么作用？

（10）小米物联网平台未来发展规划和挑战是什么？

主题 3：小米与用户价值共创方面

（1）在 MIUI 开发过程中，小米是如何激励用户深入全程参与产品开发过程的？

（2）小米是如何建立用户参与的产品开发模式和组织架构的？

（3）让用户参与产品开发，小米遇到什么困难？又是如何克服的？

（4）用户参与给小米产品研发带来什么作用？

（5）不同类型的用户是以何种方式参与产品研发的？

（6）在产品研发过程中，小米员工和用户是如何交流的？又取得了什么效果？

（7）小米是如何利用数字化资源和用户交互的？与传统模式有什么不同？

（8）小米是如何处理大量的用户数据的？如何应对用户提出的问题？

（9）小米是如何通过微博、微信等社交平台与用户交互的？请举例。

（10）小米的用户参与未来发展与挑战是什么？

主题 4：小米与多元主体共创方面

（1）小米如何选择合作伙伴？合作模式是什么？是基于市场选择还是战略规划？

（2）小米投资的业务之间是否有关联？如何关联？

（3）小米会参与合作企业的哪些环节？合作企业又会参与小米的哪些环节？

（4）从产品的设计、研发、生产、营销到售后，哪些环节由小米主导？哪些环节由合作企业主导？合作企业参与哪些环节？用户会参与哪些环节？

（5）小米是如何与合作企业利益共享的？又会给用户什么奖励？

（6）对于不同的产品，小米部门之间是如何划分任务以及合作的？

（7）小米如何实现资源共享？如何保障产品的统一性和高质量？

（8）小米的投资孵化模式有什么好处或挑战？

（9）小米为何选择与百度合作？又是如何合作的？

主题 5：小米智能互联产品方面

（1）小米现在投资或开发的产品类型是什么？请您简单梳理一下。

（2）小米的智能互联产品的内部构成是什么？各个部件有什么作用？

（3）小米主要负责哪些部件？有什么特征？其他部件由哪些企业负责？

（4）小米在开发产品部件时遇到哪些困难？又是如何克服的？

（5）小米智能互联产品是如何与平台相互连接的？请您简单介绍一下内在机理。

（6）相较于传统产品，智能互联产品有什么特征？对企业有什么作用？

（7）相较于传统产品，对于用户来说，智能互联产品的功能有什么不同？

（8）智能家居场景后，小米开始进入车、酒店等 B2B 领域，拓展的逻辑是什么？智能互联产品会起到什么作用？

小米受访者信息见附表 2。

附表 2　小米受访者信息

研究类别	访谈对象	一手数据				二手数据		研究目的
		调研时长 /min				网络资料	企业资料	
		稳定手机边界阶段	形成企业新边界	边界指数级扩张	合计			
小米								
企业领导层	副总裁	30	35	20	85	新闻报道 72 篇、网站信息 12 条、微信公众号信息 255 条	年报数据 8 份、书籍 3 本、宣传资料 7 套	探索小米智能互联产品变化及基于智能互联产品企业边界演化
	生态链副总裁	20	40	25	85			
	市场总监	30	40	20	90			
企业部门管理人员	大数据与人工智能负责人	10	20	30	60	—	年报数据 8 份	揭示智能互联产品数据各层实践动作，从而实现企业阶段性目标
	云平台负责人	15	40	20	75			
	公共事务部负责人	30	25	—	55			
	社区运营部负责人	50	20	15	85			
	活动运营部负责人	40	20	10	70			
	品牌运营部负责人	25	25	20	70			

续表

研究类别	访谈对象	一手数据				二手数据		研究目的
		调研时长 /min				网络资料	企业资料	
		稳定手机边界阶段	形成企业新边界	边界指数级扩张	合计			
合作企业及业内人士								
生态链企业	贝医生 CEO	15	85	15	115	新闻报道 23 篇，微信公众号信息 55 条	宣传资料 2 套	观察合作伙伴需求、反馈及智能互联产品变化情况
	平仄茶 CEO	45	50	65	160			
业内人士	米粉	65	45	20	130	新闻报道 22 条、网站信息 8 条	—	求证小米智能互联产品
	小米新经济研究院院长	20	35	25	80			
	小米新经济研究院员工	20	25	—	55			
小米现场发布会								
小米 6 手机发布会	创始人兼 CEO	25	35	—	60	新闻报道 5 篇	—	
小米 AIoT 开发者大会	创始人兼 CEO	15	20	45	80	新闻报道 12 篇	—	收集最新数据验证案例分析与结果
	IoT 平台部总经理	—	45	25	70			
	人工智能与云平台副总裁	10	25	45	80			
	金山云 CEO	—	20	35	55			
	宜家零售中国区总裁	—	—	45	45			
	车和家 CEO	—	—	35	35			

参考文献

[1] Reinsel D, Gantz J, Rydning J. The Digitization of the World: From Edge to Core[R]. IDC, 2018.

[2] 陈剑, 黄朔, 刘运辉. 从赋能到使能——数字化环境下的企业运营管理 [J]. 管理世界, 2020, 36(2): 117-128.

[3] 刘洋, 董久钰, 魏江. 数字创新管理: 理论框架与未来研究 [J]. 管理世界, 2020, 36(7): 198-217+219.

[4] 费方域, 闫自信, 陈永伟, 等. 数字经济时代数据性质、产权和竞争 [J]. 财经问题研究, 2018(2): 3-21.

[5] Eller R, Alford P, Kallmunzer A, et al. Antecedents, Consequences and Challenges of Small and Medium-Sized Enterprise Digitalization[J]. Journal of Business Research, 2020, 112(5): 119-127.

[6] 曾德麟, 蔡家玮, 欧阳桃花. 数字化转型研究: 整合框架与未来展望 [J]. 外国经济与管理, 2021, 43(5): 63-76.

[7] 陈春花. 传统企业数字化转型能力体系构建研究 [J]. 人民论坛·学术前沿, 2019 (18): 6-12.

[8] Bradley J, Loucks J, Macaulay J, et al. Digital Vortex: How Digital Disruption is Redefining Industries[R]. Global Center for Digital Business Transformation: An IMD and Cisco initiative, 2015.

[9] Saldanha T. Why Digital Transformations Fail[M]. Oxford: Barrett-Koehler Publishers, 2019.

[10] 白涛, 单晓宇, 褚楚. 数字化转型模式与创新 [M]. 北京: 机械工业出版社, 2023.

[11] Liu X, Singh P V, Srinivasan K A. Structured Analysis of Unstructured Big Data by Leveraging Cloud Computing[J]. Marketing Science, 2016, 35(3): 363-388.

[12] Kohli R, Melville N P. Digital Innovation: A Review and Synthesis[J]. Information Systems Journal, 2019, 29(1): 200-223.

[13] Barrett M, Davidson E, Prabhu J, et al. Service Innovation in the Digital Age: Key Contributions and Future Directions[J]. MIS Quarterly, 2015, 39(1): 135-154.

[14] Warner K S R, Wager M. Building Dynamic Capabilities for Digital Transformation: An Ongoing Process of Strategic Renewal[J]. Long Range Planning, 2019, 52(3): 326-349.

[15] Vial G. Understanding Digital Transformation: A Review and a Research Agenda[J]. Journal of Strategic Information Systems, 2019, 28(2): 118-144.

[16] Westerman G, Bonnet D, Mcafee A. The Nine Elements of Digital Transformation[J]. MIT Sloan Management Review, 2014, 55(3): 1-6.

[17] 韦影，宗小云.企业适应数字化转型研究框架：一个文献综述 [J]. 科技进步与对策, 2021, 38(11): 152-160.

[18] 蔡莉，杨亚倩，卢珊，等.数字技术对创业活动影响研究回顾与展望 [J]. 科学学研究, 2019, 37(10): 1816-1824+1835.

[19] 张悦，沈蕾，王圣君.多主体价值共创、创造性过程投入与数字化创新——以数字创意企业为例 [J]. 企业经济, 2022, 41(3): 57-69.

[20] 李若辉，关惠元.设计创新驱动下制造型企业转型升级机理研究 [J]. 科技进步与对策, 2019, 36(3): 83-89.

[21] 陈劲，黄江.知识型零工经济下的开放式创新模式 [J]. 技术经济, 2019, 38(4): 1-9.

[22] 李树文，罗瑾琏，胡文安.从价值交易走向价值共创：创新型企业的价值转型过程研究 [J]. 管理世界, 2022, 38(3): 125-145.

[23] Norman R, Ramirez R. From Value Chain to Value Constellation: Designing Interactive Strategy[J]. Harvard Business Review, 1993, 71(4): 65-77.

[24] Vargo S L, Lusch R F. Evolving to a New Dominant Logic for Marketing[J].

Journal of Marketing, 2004, 68(1): 1-17.

[25] 陈冬梅, 王俐珍, 陈安霓. 数字化与战略管理理论——回顾、挑战与展望 [J]. 管理世界, 2020, 36(5): 220-236+20.

[26] Vargo S L, Lusch R F. Institutions and Axioms: An Extension and Update of Service-Dominant Logic[J]. Journal of the Academy of Marketing Science, 2016, 44(1): 5-23.

[27] 项国鹏, 高挺, 万时宜. 数字时代下创业企业与用户如何开发机会实现价值共创?[J]. 管理评论, 2022, 34(2): 89-101+141.

[28] 李春利, 高良谋, 安岗. 数字平台组织的本质及演进：基于分工视角 [J]. 产经评论, 2021, 12(6): 134-147.

[29] 邱国栋, 王易. "数据 – 智慧"决策模型：基于大数据的理论构建研究 [J]. 中国软科学, 2018(12): 17-30.

[30] 奉小斌, 雷梦颖, 陈丽哲. 制造企业数字化转型研究综述与展望 [J]. 科学与管理, 2022, 42(5): 64-72.

[31] 朱秀梅, 林晓玥. 企业数字化转型：研究脉络梳理与整合框架构建 [J]. 研究与发展管理, 2022, 34(4): 141-155.

[32] Porter M. E. and Heppelmann J. E. How Smart, Connected Products are Transforming Companies[J]. Harvard Business Review, 2014, 92(1): 24-48.

[33] 陈凌子, 周文辉, 周依芳. 创业孵化平台价值共创、动态能力与生态优势 [J]. 科研管理, 2021, 42(12): 10-18.

[34] Yoo Y, Henfridsson O, Lyytinen K. The New Organizing Logic of Digital Innovation: An Agenda for Information Systems Research[J]. Information Systems Research, 2010, 21(4): 724-735.

[35] Bharadwaj A, El Sawy O A, Pavlou P A, et al. Digital Business Strategy: Toward a Next Generation of Insights[J]. MIS Quarterly, 2013, 37(2): 471-482.

[36] Yin R K. Case Study Research: Design and Methods[M]. London: Sage Publications, 2013.

[37] 欧阳桃花. 试论工商管理学科的案例研究方法 [J]. 南开管理评论, 2004(2):

100-105.

[38] 苏敬勤 , 李召敏 . 案例研究方法的运用模式及其关键指标 [J]. 管理学报 , 2011, 8(3): 340-347.

[39] Einsenhardt K M. Building Theories from Case Study Research[J]. Academy of Management Review, 1989, 14(4): 532-550.

[40] Poon T S C. Beyond the Global Production Networks: A Case of Further Upgrading of Taiwan's Information Technology Industry[J]. International Journal of Technology and Globalization, 2004, 1(1): 130-144.

[41] Giuliani E, Pietrobelli C, Rabellotti R. Upgrading in Global Value Chains: Lessons From Latin American Clusters[J]. World Development, 2005, 33(4): 549-573.

[42] 王琳 , 陈志军 , 刘锡禄 . 实数融合：传统制造企业与数字企业价值共创的案例研究 [J]. 中国工业经济 , 2025, (3): 174-192.

[43] 韩佳平 , 李阳 . 我国企业数字化转型：特征分析、发展规律与研究框架 [J]. 商业经济研究 , 2022(6): 133-135.

[44] Guenzi P, Troilo P. The Joint Contribution of Marketing and Sales to the Creation of Superior Customer Value[J]. Journal of Business Research, 2007, 60(2): 98-107.

[45] Culnan M J, Mchugh P J, Zubillaga J I. How Large U. S. Companies Can Use Twitter and Other Social Media to Gain Business Value[J]. MIS Quarterly Executive, 2010, 9(4): 243-259.

[46] Dong B, Evans K R, Zou S. The Effects of Customer Participation in Co-Created Service Recovery[J]. Journal of the Academy of Marketing Science, 2008, 36(1): 123-137.

[47] Gronroos C, Voima P. Critical Service Logic: Making Sense of Value Creation and Co-Creation[J]. Journal of the Academy of Marketing Science, 2013, 41(2): 133-150.

[48] Gronroos C. A Service Perspective on Business Relationships: The Value Creation, Interaction and Marketing Interface[J]. Industrial Marketing Management, 2011, 40(2): 240-247.

[49] Payne A F, Storbacka K, Frow P. Managing the Co-Creation of Value[J]. Journal of

the Academy of Marketing Science, 2008, 36(1): 83-96.

[50] Füller J. Refining Virtual Co-Creation From a Consumer Perspective[J]. California Management Review, 2010, 52(2): 98-122.

[51] Ramaswamy V, Ozcan K. Brand Value Co-Creation in a Digitalized World: An Integrative Framework and Research Implications[J]. International Journal of Research in Marketing, 2016, 33(1): 93-106.

[52] Kao T Y, Yang M H, Wu J T B, et al. Co-creating Value with Consumers through Social Media[J]. Journal of Services Marketing, 2016, 30(2): 141-151.

[53] 朱良杰, 何佳讯, 黄海洋. 数字世界的价值共创：构念、主题与研究展望 [J]. 经济管理, 2017, 39(1): 195-208.

[54] Barney J. Firm Resources and Sustained Competitive Advantage[J]. Journal of Management, 1991, 17(1): 99-120.

[55] 毛蕴诗, 张伟涛, 魏姝羽. 企业转型升级：中国管理研究的前沿领域——基于 SSCI 和 CSSCI（2002—2013 年）的文献研究 [J]. 学术研究, 2015(1): 72-82.

[56] Hammer M, Champy J. Reengineering the Corporation: A Manifesto for Business Revolution[J]. Business Horizons, 1993, 36(5): 90-91.

[57] Porter M E, Towards a Dynamic Theory of Strategy[J]. Strategic Management Journal, 1991, 12(S2): 95-117.

[58] 王德鲁, 张米尔, 周敏. 产业转型中转型企业技术能力研究评述——兼论转型企业技术能力再造途径 [J]. 管理科学学报, 2006(3): 74-80.

[59] Blumenthal B, Haspeslagh P, Toward a Definition of Corporate Transformation[J]. Sloan Management Review, 1994, 35(3): 101-106.

[60] Klein R, Rai A. Interfirm Strategic Information Flows in Logistics Supply Chain Relationships[J]. MIS Quarterly, 2009, 33(4): 735-762.

[61] Gereffi G. International Trade and Industrial Upgrading in the Apparel Commodity Chain[J]. Journal of International Economics, 1999, 48(1): 37-70.

[62] Kaplinsky R, Morris M. A Handbook for Value Chain Research[M], Ottawa: International Development Research Centre, 2001.

[63] Humphrey J, Schmitz H. Chain Governance and Upgrading: Taking Stock Local Enterprises in the Global Economy-Issues of Governance and Upgrading[M]. Cheltenham: Edward Elgar, 2004.

[64] 赵玉林, 裴承晨. 技术创新、产业融合与制造业转型升级 [J]. 科技进步与对策, 2019, 36(11): 70-76.

[65] 吴家曦, 李华燊. 浙江省中小企业转型升级调查报告 [J]. 管理世界, 2009(8): 1-5+9.

[66] Forbes N, Wield D. From Followers to Leaders: Managing Technology and Innovation in Newly Industrializing Countries[M]. New York: Psychology Press, 2002.

[67] 王一鸣, 王君. 关于提高企业自主创新能力的几个问题 [J]. 中国软科学, 2005(7): 10-14+32.

[68] 孔伟杰. 制造业企业转型升级影响因素研究——基于浙江省制造业企业大样本问卷调查的实证研究 [J]. 管理世界, 2012(9): 120 -131.

[69] 赵优珍. 中小企业国际化——企业家精神视角的分析与启示 [J]. 国际商务. 对外经济贸易大学学报, 2004(6): 59-63.

[70] Humphrey J, Schmitz H. Governance and Upgrading: Linking Industrial Cluster and Global Value Chain Research[R]. IDS Working Paper 120, Brighton: Institute of Development Studies, 2000.

[71] 王建秀, 林汉川, 王玉燕. 企业转型升级文献主题分析——基于英文文献的探讨 [J]. 经济问题探索, 2013(12): 177 -183, 190.

[72] Chakrabarti A. Organizational Adaptation in an Economic Shock: The Role of Growth Reconfiguration[J]. Strategic Management Journal, 2015, 36(11): 1717-1738.

[73] Fortune A, Mitchell W. Unpacking Firm Exit at the Firm and Industry Levels: The Adaptation and Selection of Firm Capabilities [J]. Strategic Management Journal, 2012, 33(7) : 794-819.

[74] 黄永明, 何伟, 聂鸣. 全球价值链视角下中国纺织服装企业的升级路径选择 [J]. 中国工业经济, 2006(5): 56-63.

[75] Teece D J, Pisano G, Shuen A. Dynamic Capabilities and Strategic Management[J].

Strategic Management Journal, 1997, 18(7): 509-533.

[76] 杨桂菊 . 本土代工企业竞争力构成要素及提升路径 [J]. 中国工业经济 , 2006(8): 22-28.

[77] 任声策 , 刘颖 . 基于技术创新的企业转型升级 [J]. 企业管理 , 2013(3): 98-101.

[78] 孙国民 , 彭艳玲 , 宁泽逵 . 块状经济中小企业转型升级研究——以浙江省为例 [J]. 中国科技论坛 , 2014(1) : 128-133.

[79] 周云 , 唐晓 . 出口学习能力与我国制造业企业升级——基于企业异质性贸易 理论的实证分析 [J]. 商业研究 , 2016(7): 93-101.

[80] Gereffi G. Commodity Chains and Regional Divisions of Labor in East Asia[J]. Journal of Asian Business, 1996, 12(1): 75-112.

[81] Giuliani E, Pietrobelli C, Rabellotti R. Upgrading in Global Value Chains: Lessons From Latin American Clusters[J]. World Development, 2005, 33(4): 549-573.

[82] 毛蕴诗 , 李田 . 行业边界模糊背景下的跨产业升级与 S-O-S 模型——基于乔 布斯苹果成功实践的理论提炼 [J]. 中山大学学报 (社会科学版), 2014, 54(02): 184-191.

[83] 毛蕴诗 , 吴遥 , 邹红星 . 我国 OEM 企业升级的动态分析框架与实证研究 [J]. 学术研究 , 2010, (01): 63-69+77+160.

[84] Gereffi G. International Trade and Industrial Upgrading in the Apparel Commodity Chains[J]. Journal of International Economics, 1999, 48: 37-70.

[85] 周青 , 高延孝 , 吴正熠 , 等 . 动态环境下"小巨人"技术标准化能力攀升逻辑 [J/OL]. 科学学研究 , 1-22[2025-03-11]. https://doi.org/10.16192/j.cnki.1003-2053. 20241022.001.

[86] 毛蕴诗 , 吴瑶 . 企业升级路径与分析模式研究 [J]. 中山大学学报 (社会科学版), 2009, 49(1): 178-186.

[87] 龚三乐 . 全球价值链内企业升级绩效、绩效评价与影响因素分析——以东莞 IT 产业集群为例 [J]. 改革与战略 , 2011, 27(7): 178-181.

[88] 刘阳春 , 李健睿 , 金娅婷 . 基于产业链延伸的企业升级研究——针对国星光电 的案例研究 [J]. 学术研究 , 2013(9): 74-82+159.

[89] 王玉燕, 林汉川, 吕臣. 中国企业转型升级战略评价指标体系研究 [J]. 科技进步与对策, 2014, 31(15): 123-127.

[90] Matt C, Hess T, Benlian A. Digital Transformation Strategies[J]. Business & Information Systems Engineering. 2015, 57(5): 339-343.

[91] Hess T, Matt C, Benlian A, et al. Options for Formulating a Digital Transformation Strategy[J]. MIS Quarterly Executive, 2016, 15(2): 123-139.

[92] Li W, Liu K, Belitski M, et al. E-Leadership through Strategic Alignment: An Empirical Study of Small-and Medium-Sized Enterprises in the Digital Age[J]. Journal of Information Technology, 2016, 31(2): 185-206.

[93] Kohli R M. Digital Innovation: A Review and Synthesis[J]. Information Systems Journal, 2019, 29(1): 200-203.

[94] Mithass T, Mitchell W. How a Firm's Competitive Environment and Digital Strategic Posture Influence Digital Business Strategy[J]. MIS Quarterly, 2013, 37(2): 511-536.

[95] Abrell T, Pihlajamma M, Kanto L, et al. The Role of Users and Customers in Digital Innovation: Insights from B2B Manufacturing firms[J]. Information & Management, 2016, 53(3): 324-335.

[96] Günther W A, Mehrizi M H R, Huysman M, et al. Debating Big Data: A Literature Review on Realizing Value From Big Data[J]. Journal of Strategic Information System, 2017, 26(3): 191-209.

[97] 曹鑫, 欧阳桃花, 黄劲松, 等. 基于共同演化的 B2B 平台策略研究：京东新通路案例 [J]. 管理评论, 2020, 32(11): 308-320.

[98] 李海东, 欧阳桃花, 张纯, 等. 从工业遗产到文创产业平台：资源拼凑理论视角——以景德镇陶溪川为案例 [J]. 管理学报, 2021, 18(3): 328-336.

[99] Vial G. Understanding Digital Transformation: A Review and Research Agenda[J]. The Journal of Strategic Information Systems, 2019, 28(2): 118-144.

[100] Huang J, Henfridsson O, Liu M J, et al. Growing Osteoid: Rapidly Scaling the User Base of Digital Ventures through Digital Innovation[J]. MIS Quarterly,

2017, 41(1): 301-314.

[101] Wernerfelt B. A Resource-Based View of the Firm[J]. Strategic Management Journal, 1984, 5(2): 171-180.

[102] Penrose E T. The Theory of the Growth of the Firm[M]. New York: Oxford University Press, 1959.

[103] Pfeffer J, Salancik G. The External Control of Organizations: A Resource Dependence Perspective[M]. New York: Harper and Row, 1978.

[104] 马迎贤. 组织间关系：资源依赖视角的研究综述 [J]. 管理评论, 2005(2): 55-62.

[105] 斯科特. 组织理论 [M]. 北京：华夏出版社, 2002.

[106] 王琳, 陈志军. 价值共创如何影响创新型企业的即兴能力——基于资源依赖理论的案例研究 [J]. 管理世界, 2020, 36(11): 96-110, 131.

[107] Casciaro T, Piskorski M J. Power Imbalance, Mutual Dependence and Constraint Absorption: A Closer Look at Resource Dependence Theory[J]. Administrative Science Quarterly, 2005, 50(2): 167-199.

[108] Upson J W, Sanchez M S, Smith W J. Competitive Dynamics of Market Entry: Scale and Survival[J]. Management and Economics Review, 2017, 2(1): 118-132.

[109] 陈永伟. 人工智能与经济学：近期文献的一个综述 [J]. 东北财经大学学报, 2018, (3): 6-21.

[110] de Reuver M, Sørensen C, Basole R C. The Digital Platform: A Research Agenda[J]. Journal of Information Technology, 2018, 33(2): 124-135.

[111] Rai A, Constantinides P, Saonee S. Next-Generation Digital Platforms: Toward Human-AI Hybrids[J]. MIS Quarterly, 2019, 43(1): 3-9.

[112] Constantinides P, Henfridsson O, Parker G G. Platforms and Infrastructures in the Digital Age[J]. Information Systems Research. 2018, 29(2): 381-400.

[113] Richard N L. The Entrepreneurial Theory of the Firm and the Theory of the Entrepreneurial Firm[J]. Journal of Management Studies, 2017, 44(7): 1107-1124.

[114] Boyd D, Crawford K. Critical Questions for Big Data[J]. Information,

Communication & Society, 2012, 15(5): 662-679.

[115] Ciriello R F, Richter A, Schwabe G. Digital Innovation[J]. Business & Information Systems Engineering, 2018, 60(6): 563-569.

[116] Yoo Y, Henfridsson O, Lyytinen K. Research Commentary—the New Organizing Logic of Digital Innovation: An Agenda for Information Systems Research[J]. Information Systems Research, 2010, 21(4): 724-735.

[117] 刘洋, 董久钰, 魏江. 数字创新管理: 理论框架与未来研究 [J]. 管理世界, 2020, 36(7): 198-217+219.

[118] Kallinikos J, Aaltonen A, Marton A. The Ambivalent Ontology of Digital Artifacts[J]. MIS Quarterly, 2013, 37(2): 357-371.

[119] Yoo Y, Boland J R J, Lyytinen K, et al. Organizing for Innovation in the Digitized World[J]. Organization Science, 2012, 23(5): 1398-1408.

[120] Abrell T, Pihlajamaa M, Kanto L, et al. The Role of Users and Customers in Digital Innovation: Insights from B2B Manufacturing Firms[J]. Information & Management, 2016, 53(3): 324-335.

[121] Barrett M, Davidson E, Prabhu J, et al. Service Innovation in the Digital Age: Key Contributions and Future Directions[J]. MIS Quarterly, 2015, 39(1): 135-154.

[122] D'Angrac G D. Big Data: The Management Revolution[J].Harvard Business Review, 2012, 90(10): 60-68, 128.

[123] Crabtree A, Lodge T, Colley J, et al. Enabling the New Economic Actor: Data Protection, the Digital Economy, and the Databox[J]. Personal and Ubiquitous Computing, 2016, 20(6): 947-957.

[124] 余江, 孟庆时, 张越, 等. 数字创新: 创新研究新视角的探索及启示 [J]. 科学学研究, 2017, 35(7): 1103-1111.

[125] Normann R, Ramirez R R. From Value Chain to Value Constellation: Defining Interactive Strategy[J]. Harvard Business Review, 1993, 71(4): 65-77.

[126] 王姝, 陈劲, 梁靓. 网络众包模式的协同自组织创新效应分析 [J]. 科研管理, 2014, 35(4): 26-33.

[127] 谢卫红,林培望,李忠顺,等.数字化创新：内涵特征、价值创造与展望 [J].外国经济与管理,2020, 42(9): 19-31.

[128] Boland R J, Lyytinen K, Yoo Y. Wakes of Innovation in Project Networks: The Case of Digital 3-D Representations in Architecture, Engineering, and Construction[J]. Organization Science, 2007, 18(4): 631-647.

[129] Svahn F, Mathiassen L, Lindgren R. Embracing Digital Innovation in Incumbent Firms: How Volvo Cars Managed Competing Concerns[J]. MIS Quarterly, 2017, 41(1): 239-253.

[130] Healy J C, Mcdonagh P. Consumer Roles in Brand Culture and Value Co-Creation in Virtual Communities[J]. Journal of Business Research, 2013, 66(9): 1528-1540.

[131] Jacobides M G, Cennamo C, Gawer A. Towards a Theory of Ecosystems[J]. Strategic Management Journal, 2018, 39(8): 2255-2276.

[132] Parker G G, Van Alstyne M W. Twosided Network Effects: A Theory of Information Product Design[J]. Management Science, 2005, 51(10): 1494-1504.

[133] Lusch R F, Nambisan S. Service Innovation: A Service-Dominant Logic Perspective[J]. MIS Quarterly, 2015, 39(1): 155-175.

[134] 肖静华,吴瑶,刘意,等.消费者数据化参与的研发创新——企业与消费者协同演化视角的双案例研究 [J].管理世界,2018(8): 154-173, 192.

[135] 欧阳桃花,曹鑫.推动企业技术创新能力和创新主体地位——基于数字化资源视角 [J].北京航空航天大学学报 (社会科学版), 2023, 36(2): 115-123.

[136] Majchrzak A, Faraj S, Kane G C, et al. The Contradictory Influence of Social Media Affordances on Online Communal Knowledge Sharing[J]. Journal of Computer-Mediated Communication, 2013, 19(1): 38-55.

[137] Henfridsson O, Mathiassen L, Svahn F. Managing Technological Change in the Digital Age: The Role of Architectural Frames[J]. Journal of Information Technology, 2014, 29(1): 27-43.

[138] Henfridsson O, Nandhakumar J, Scarbrough H, et al. Recombination in the

openended value landscape of digital innovation[J]. Information and Organization, 2018, 28(2): 89-100.

[139] Adomavicius G, Bockstedt J C, Gupta A, et al. Making Sense of Technology Trends in the Information Technology Landscape: A Design Science Approach[J]. MIS Quarterly, 2008, 32(4): 779-809.

[140] 戴亦舒, 叶丽莎, 董小英, 等. CPS 与未来制造业的发展: 中德美政策与能力构建的比较研究 [J]. 中国软科学, 2018(2): 11-20.

[141] 杨善林, 周开乐. 大数据中的管理问题: 基于大数据的资源观 [J]. 管理科学学报, 2015(5): 1-8.

[142] 吴春林, 赵恬悦, 曹鑫, 等. 数字化背景下初创企业如何实现颠覆性创新: 动态营销能力视角 [J]. 管理评论, 2025, 37(1): 273-288.

[143] Grover V, Kohli R. Cocreating IT Value: New Capabilities and Metrics for Multifirm Environments[J]. MIS Quarterly, 2012, 36(1): 225-232.

[144] Vargo S L, Lusch R F. Evolving to a New Dominant Logic for Marketing[J]. Journal of Marketing, 2004, 68(1): 1-17.

[145] Kohli R, Grover V. Business Value of IT: An Essay on Expanding Research Directions to Keep up with the Times[J]. Journal of the Association for Information Systems, 2008, 9(1): 23-39.

[146] 王节祥, 衡予婧, 胡乾韬, 等. 数字平台与集群企业价值共创的演进机制 [J]. 管理评论, 2024, 36(11): 274-288.

[147] von Briel F, Davidsson P, Recker J. Digital Technologies as External Enablers of New Venture Creation in the IT Hardware Sector[J]. Entrepreneurship Theory and Practice, 2018, 42(1);47-69.

[148] 陈国青, 吴刚, 顾远东, 等. 管理决策情境下大数据驱动的研究和应用挑战——范式转变与研究方向 [J]. 管理科学学报, 2018(7): 1-10.

[149] Zittrain J L. The Generative Internet[J]. Harvard Law Review, 2006, 119(7): 1974-2040.

[150] Scholz J, Smith A N. Augmented Reality: Designing Immersive Experiences that

Maximize Consumer Engagement[J]. Business Horizons, 2016, 59(2): 149-161.

[151] Abrell T, Pihlajamaa M, Kanto L, et al. The Role of Users and Customers in Digital Innovation: Insights from B2B Manufacturing Firms[J]. Information & Management, 2016, 53(3): 324-335.

[152] 欧阳桃花, 蔡家玮, 伊婷, 等. 数字赋能品牌价值提升研究——以国任保险为例 [J]. 保险研究, 2024(5): 12-23.

[153] Normann R, Ramirez R. From Value Chain to Value Con stellation: Designing Interactive Strategy[J]. Harvard Business Review, 1993, 71(4): 65-77.

[154] Wikström S. The Customer as Co-Producer[J]. European Journal of Marketing, 1996, 30(4): 6-19.

[155] Ramirez R. Value Co-Production Intellectual Origins and Implications for Practice and Research[J]. Strategic Management Journal, 1999, 20(1): 49-65.

[156] Ojasalo K. The Shift from Co-Production in Services to Value Co-Creation[J]. The Business Review, Cambridge, 2010, 16(1): 171-177.

[157] Wikström S. Value Creation by Company-Consumer Interaction[J]. Journal of Marketing Management, 1996, 12(5): 359-374.

[158] Prahalad C K, Ramaswamy V. Co-Creation Experiences: The Next Practice in Value Creation[J]. Journal of Interactive Marketing, 2004, 18(3): 5-14.

[159] Prahalad C K, Ramaswamy V. Co-Opting Customer Competence[J]. Harvard Business Review, 2000, 78(1): 79-90.

[160] 简兆权, 令狐克睿, 李雷. 价值共创研究的演进与展望——从"顾客体验"到"服务生态系统"视角 [J]. 外国经济与管理, 2016, 38(9): 3-20.

[161] Fang E. Customer Participation and the Trade-off between New Product Innovativeness and Speed to Market[J]. Journal of Marketing, 2008, 72: 90-104.

[162] Jacobides M, Knudsen T, Augier M. Benefiting from Innovation: Value Creation, Value Appropriation and the Role of Industry Architectures[J]. Research Policy, 2006, 35(8): 1200-1221.

[163] Kellogg D L, Youndahl W E, Bowen D E. On the Relationship between Customer

Participation and Satisfaction: Two Frameworks[J]. International Journal of Service, 1997, 8(3): 206-219.

[164] Payne A F, Storbacka K, Frow P. Managing the Co-Creation of Value[J]. Journal of the Academy of Marketing Science, 2008, 36(1): 83-96.

[165] Kohler T, Fueller J, Matzler K. Co-Creation in Virtual Worlds: the Design of the User Experience[J]. MIS Quarterly, 2011, 35(3): 773-788.

[166] Edvardsson B, Kristensson P, Magnusson P, et al. Customer Integration within Service Development——A Review of Methods and an Analysis of Insitu and Exsitu Contributions[J]. Technovation, 2012, 32(7) : 419-429.

[167] Yi Y, Gong T. Customer Value Co-Creation Behavior: Scale Development and Validation[J]. Journal of Business Research, 2013, 66(9) : 1279-1284.

[168] Füller J. Refining Virtual Co-Creation From a Consumer Perspective[J]. California Management Review, 2010, 52(2): 98-122.

[169] Gronroos C. Service Logic Revisited: Who Creates Value? And Who Co-Creates? [J]. European Business Review, 2008, 20(4): 298-314.

[170] Keller K L. Conceptualizing, Measuring and Managing Customer Based Brand Equity[J]. Journal of Marketing, 1993, 57(1): 1-22.

[171] Schivinski B, Dabrowski D. The Impact of Brand Communication on Brand Equity Through Facebook[J]. Journal of Research in Interactive Marketing, 2015, 9(1): 31-53.

[172] Kumar P, Sharma A, Salo J. A Bibliometric Analysis of Extended Key Account Management Literature[J]. Industrial Marketing Management, 2019, 82(1) : 276-292.

[173] Payne A F, Storbacka K, Frow P, et al. Co-creating brands: Diagnosing and designing the relationship experience[J]. Journal of Business Research, 2009, 62(3): 379-389.

[174] Gummesson E, Mele C. Marketing as Value Co-creation Through Network Interaction and Resource Integration[J]. Journal of Business Marketing

Management, 2010, 4(1): 181-198.

[175] Singaraju S P, Quan A N, Niininen O, Sullivan-Mort G. Social Media and Value Co-Creation in Multi-Stakeholder Systems: A Resource Integration Approach[J]. Industrial Marketing Management, 2016, 54: 44-45.

[176] Ramaswamy V, Ozcan K. Brand Value Co-Creation in a Digitalized World: An Integrative Framework and Research Implications[J]. International Journal of Research in Marketing, 2016, 33(1): 93-106.

[177] 周文辉, 邓伟, 陈凌子. 基于滴滴出行的平台企业数据赋能促进价值共创过程研究 [J]. 管理学报, 2018, 15(8): 1110-1119.

[178] 陈雯卿, 高延孝, 曹鑫. 数字产业技术标准联盟价值共创过程研究：基于多案例分析 [J]. 科学学与科学技术管理, 2025, 46(1): 54-73.

[179] 周青, 吴翌晨, 曹鑫. 基于共生理论的"互联网+"企业创新生态系统关系治理模式研究 [J]. 科技管理研究, 2024, 44(8): 171-181.

[180] Vargo S L, Lusch R F. It's all B2B and beyond: Toward a systems perspective of the market[J]. Industrial Marketing Management, 2011, 40(2): 181-187.

[181] Wells R A, Gallarza M G, Andreu L, et al. Application of Service Dominant Logic to the medical device industry[J]. International Review on Public and Nonprofit Marketing, 2015, 12(3): 207-235.

[182] 李怀祖. 管理研究方法论 [M]. 西安：西安交通大学出版社, 2000.

[183] Einsenhardt K M. Building Theories from Case Study Research[J]. Academy of Management Review, 1989, 14(4): 532-550.

[184] Eisenhardt K M, Graebner M E. Theory Building from Cases: Opportunities and Challenges [J]. Academy of Management Journal, 2007, 50(1): 25-32.

[185] Pan S L, Tan B. Demystifying Case Research: A Structured-Pragmatic-Situational (SPS) Approach to Conducting Case Studies[J]. Information and Organization, 2011, 21: 161-176.

[186] Gummesson E. Qualitative Methods in Management Research[M]. London: Sage Publications, 1991.

[187] Glaser B G, Strauss A L. The Discovery of Grounded Theory: Strategies for Qualitative Research[M]. Piscataway: Transaction Publishers, 2009.

[188] Klein H K, Myers M D. A Set of Principles for Conducting and Evaluating Interpretive Field Studies in Information Systems[J]. MIS Quarterly, 1999, 23 (1): 67-93.

[189] Gioia D A, Corley K G, Hamilton A L. Seeking Qualitative Rigor in Inductive Research: Notes on the Giogia Methodology[J]. Organizational Research Methods, 2013, 16(1): 15-31.

[190] Dubé L, Paré G. Rigor in Information Systems Positivist Case Research: Current Practices, Trends, And Recommendations[J]. MIS Quarterly, 2003, 27(4): 597-635.

[191] Sosa M L. From Old Competence Destruction to New Competence Access: Evidence from the Comparison of Two Discontinuities in Anticancer Drug Discovery[J]. Organization Science, 2011, 22(6): 1500-1516.

[192] Schmid A M, Recker J, Brocke J V. The Socio-Technical Dimension of Inertia in Digital Transformations[C]// Hawaii International Conference on System Sciences. 2017.

[193] Lioukas C S, Reuer J J, Zollo M, Effects of Information Technology Capabilities on Strategic Alliances: Implications for the Resource-Based View[J]. Journal of Management Studies, 2016, 53(2): 161-183.

[194] Cezanne C, Saglietto L. Redefining the Boundaries of the Firm: the Role of 4PLs[J]. The International Journal of Logistics Management, 2015, 26(1): 30-41.

[195] Trittin H, Schoeneborn D. Diversity as Polyphony: Reconceptualizing Diversity Management from a Communication-Centered Perspective[J]. Journal of Business Ethics, 2017, 144: 305-322.

[196] 曹鑫, 欧阳桃花, 张思萱, 等. 晨光生物的企业边界稳定与突破之道 [J]. 管理学报, 2022, 19(4): 475-485.

[197] 张骁, 王洁, 柳志娣, 等. 创业者印记影响机会评估和利用的认知机制——基于晨光生物的案例分析 [J]. 管理科学学报, 2023, 26(6): 96-113.

[198] 苏芳，毛基业，谢卫红 . 资源贫乏企业应对环境剧变的拼凑过程研究 [J]. 管理世界，2016(8): 137-149.

[199] 许庆瑞，李杨，吴画斌 . 全面创新如何驱动组织平台化转型——基于海尔集团三大平台的案例分析 [J]. 浙江大学学报 (人文社会科学版), 2019, 49(6): 78-91.

[200] 胡国栋，王晓杰 . 平台型企业的演化逻辑及自组织机制——基于海尔集团的案例研究 [J]. 中国软科学，2019(3): 143-152.

[201] 吕文晶，陈劲，刘进 . 智能制造与全球价值链升级——海尔 COSMOPlat 案例研究 [J]. 科研管理，2019, 40(4): 145-156.

[202] 吴画斌，陈政融，魏珂 . 工业互联网平台创新引领制造产业转型升级——基于海尔集团 COSMOPlat 的探索性案例研究 [J]. 现代管理科学，2019(10): 21-24.

[203] 周英，辛悦，马榕 . 数字经济下制造业供应链的生态系统治理模式研究——基于海尔 COSMOPlat 工业互联网的案例分析 [J]. 供应链管理，2020, 1(9): 51-61.

[204] 曹仰锋 . 海尔 COSMOPlat 平台：赋能生态 [J]. 清华管理评论，2018(11): 28-34.

[205] 谢康，夏正豪，肖静华 . 大数据成为现实生产要素的企业实现机制：产品创新视角 [J]. 中国工业经济，2020(5): 42-60.

[206] 金姝彤，王海军，陈劲，等 . 模块化数字平台对企业颠覆性创新的作用机制研究——以海尔 COSMOPlat 为例 [J]. 研究与发展管理，2021, 33(6): 18-30.

[207] 欧阳桃花，杨晓莹，徐京悦 . 基于模块化架构的产品竞争力研究——以海信平板彩电为例 [J]. 管理案例研究与评论，2010, 3(4): 285-298.

[208] 罗珉，李亮宇 . 互联网时代的商业模式创新：价值创造视角 [J]. 中国工业经济，2015 (1): 95-107.

[209] 曹鑫，欧阳桃花，黄江明 . 智能互联产品重塑企业边界研究：小米案例 [J]. 管理世界，2022, 38(4): 125-142.